松本梨香エッセイ

ラフ&ピース

梨香

宝島社

生まれ育った横浜で、
愛犬まんるとお散歩。

アンバサダーを務める
横浜橋通商店街にて。

198
550
お買得品
きゅうり
198

さがみや
きゃらぶき
¥350
いなご
¥400
ひじき
金時豆
¥200

よこはまはし

よこはまはし

松本梨香エッセイ

ラフ&ピース

松本梨香

松本梨香エッセイ

ラフ＆ピース――目次

第1章 愛する

第2章 演じる

第3章 つながる

第4章 伝える

第5章

続ける

Special contents
Message to Rica Matsumoto

編集　佐川月花、天野由衣子（コサエルワーク）
構成　高倉ゆこ
撮影（p 2-16）　三橋優美子
ヘアメイク　原田琴実
カバー＆本文デザイン　小林博明（Kプラスアートワークス）
小林聡美（Kプラスアートワークス）
本文ＤＴＰ　ユーホーワークス

スペシャルサンクス　梨香を愛してくれている全てのみなさん
まんる
LAM studio
Matsurica

第1章　愛する

1歳のころ。

正義は勝つ！

松本梨香《まつもとりか》を知ってもらうには、私が「愛する」人や場所のことを知っていただきたい。

というわけで、まずは生い立ちから書いてみようと思います。

私が生まれ育ったのは、神奈川県横浜市。

「横浜三大商店街」のひとつである横浜橋通《よこはまばしどおり》商店街のお膝元、活気があふれる下町エリアです。

ご近所さんたちとは、「なくなっちゃたから、おしょうゆを貸して！」と、昭和ではよくある光景。お勝手口から出入りするような親しい間柄でした。誰も彼も、みんな親戚みたいに顔を知っていて、声をかけ合ったり助け合ったりする。そんな人情味あふれる街です。

そこで暮らしていた松本家。

家族構成は、大衆演劇で座長をしていた役者の父と、父を支えて家を切り盛りしていた母、母方の祖父母、姉、兄、そして私の7人。

THE昭和。リアル、サザエさんです。

祖父母も両親も、お祭りや楽しいことが大好きだったので、家にはいつもいろんな人が集まっていて、笑い声があふれていた記憶があります。


仲良しだった家族の中心にいたのが、私のひとつ年上の「あんちゃん」です。名前が「彰《あきら》」だったので、彰ちゃんが縮まり「あんちゃん」と呼んでいました。

あんちゃんは障害があり、身体が不自由でした。だから、「みんなであんちゃんを守ろう！」という思いで、家族が一致団結していたように思います。

そんなあんちゃんはすごく天真爛漫《てんしんらんまん》で、いつもニコニコ笑っていました。穏やかでとても優しい人で、あんちゃんがそばにいるだけで、つられてみんなも笑顔になっちゃうのです。

松本家の癒やしの存在。たとえるなら「仏陀《ぶっだ》」みたいな人でした。

でも、私とは年子だったこともあり、よくケンカもしました。

あんちゃんがなぜか私の使っているものを欲しがったり、うちにあったトランポリンも、私が遊んでいるとあんちゃんもやりたがるので、「それ、梨香の！」と、しょっちゅうケンカしていました。

ただ成長するにつれ、「あんちゃんのことは、梨香が一生守る！」と、姉のような、ボディガードのような気持ちも湧いてきました。

小学生になると「あんちゃんを受け入れてくれない友だちならいらない！」「あんちゃんのことをきちんと理解して同居してくれる人じゃなきゃ結婚もしない！」と公言していました。

結婚のことなんて全然わかっていない子どもだったのにね（笑）。

でもそれくらい、兄は私にとって特別で、大切な存在だったのです。

兄のあんちゃんと一緒に。

「あんちゃんがママのおなかに置いてきたものを、梨香が全部もらって生まれてきたのかも」

そう思うくらい、私は体を動かすことが大好きで、スポーツ全般が得意な少女でした。

中学校ではバレー部で県大会ベスト8に。

高校では、800メートル走で横浜市の新記録を出したりしました。じつはそのとき、競技場で楽しく友だちとトイレの前で話し込んでいたら、800メートル走がスタートする直前で、慌てて100メートルダッシュしてスタート地点にたどりつき、つくやいなやスタートピストル。合計900メートル走って出した記録です（笑）。

やり投げ競技で、あと2センチでインターハイ出場寸前の記録を出したこともありました。

とにかく活発。いや、じっとしていられなかったと言ったほうが正しいかもしれません。

小学校から帰ると、ランドセルをポーンと放り投げて、そのまま外へ遊びに行くような子どもでした。そのころついたあだ名が、「野生のエルザ」（笑）。

当時、どんな遊びをしていたかというと、近所の公園の片隅に秘密基地を作って、そこで友だちと犬を飼ってみたり、神社に置かれた狛犬《こまいぬ》に、誰がいちばん早く登れるかを競ったり（よい子はマネしちゃダメですよ。笑）。

横浜橋通商店街でも、よく遊んだものです。

おばさんがひとりで切り盛りするおでん屋さんで、「ぷりんぷりん、ひとつください！」って注文するんです。

「ぷりんぷりん」とは、こんにゃくのこと！

その食感から、小学生のころの私が名づけました。

ちなみに、私はかなり常連だったこともあり、おばさんにはちゃんと通じていましたよ（笑）。

アツアツのぷりんぷりんは、いつ食べても本当においしかったなぁ。

それから、惣菜《そうざい》屋さんのハムカツに、駄菓子屋さんのもんじゃ焼き、などなど！

横浜橋通商店街には、安くておいしい店がたくさんあって、子どもにとってもパラダイスでした。

おこづかいを握りしめて、「今日はどこでおやつを買おうかな〜？」と、考えながら商店街を歩くのが楽しかったものです。

どこのお店でも、「おかえり！」みたいな感じで迎えてくれて、街全体で子どもを見守ってくれている、温かい雰囲気がありましたね。

そうそう、大きなスクリーンを備えた映画館もあって、そこで映画を観るのも大好きでした。

そういえば、私の名前は「梨香」なので、当時はよく「『リカちゃん人形』のリカちゃんと一緒だね」と言われていました。

そのころ、電話をかけるとリカちゃんが応対してくれる「リカちゃんでんわ」

というサービスがあり、両親がよく電話をかけてくれたのですが、リカちゃんが「もしもし、アタシ、リカちゃん」と出ると、「わたしも梨香ちゃん」と答えていたそうです（笑）。

なので、電話をするとポケモンのサトシが応対するというサービスのお仕事をいただいたとき、リカちゃんと電話で話していたときの自分の、楽しかったあのころを思い出しながら、「俺、サトシ！」と元気に収録しました。

あのころの自分のように、今度はサトシと話すのが楽しい思い出になってくれたらうれしいな、と。

私と同じように、「俺もサトシ！」なんて答える子がいたりして……。

中学校の運動会の様子。

中学生のころ、球技大会でバスケットボールをしている様子。運動が大好きで、体育の先生になりたいと思ったことも。

「芸は身を助ける」という父の教え

当時、遊びと同じくらいがんばっていたのが、習いごとです。

日本舞踊、三味線、ピアノ、サックス、英語、剣道、そろばん……。

我ながら、いろいろやったものだと感心してしまいます。


大衆演劇の座長だった父が言っていた、「芸は身を助ける」。

「芸を身につけておけば、いざというときに生計の支えになる」という意味のことわざですが、父はそのことを日々、実感していたのかもしれません。

だからこそ、私が「やってみたい」と言ったものは、なんでも習わせてくれたのでしょう。もっぱら許可を出すのは母親でしたが……。


習いごとのなかでいちばん好きだったのは、日本舞踊です。

着物が好きで、きれいな格好で踊るのが大好きだったから。

お師匠さんにはお弟子さんがたくさんいたのですが、私の稽古《けいこ》にもみなさん付き合ってくれたのです。

なぜかというと、見てくれているギャラリーがいないと、ちゃんと踊らなかったのです（笑）。そう、喜んでくれる観客がいると、張りきって1曲最後まで間違わずにきっちり踊る。

そのころから舞台の素質があったのでしょうね（笑）。

そして、みんなの前で歌うことも大好きでした。

自宅にカラオケセットがあったので、お客さんが来ると、当時はやっていた曲をよく披露したものです。

近所のおばちゃんたちからリクエストをもらって、演歌や歌謡曲、当時のヒット曲など、レパートリーはたくさん。細川《ほそかわ》たかしさんの『心のこり』とか。煮え切らない男に別れを告げる女の歌です。小学生なのに、渋いよね（笑）。

歌い終わると、もう拍手喝采《かっさい》、雨あられです。

「梨香ちゃん、すごい」「もっと歌って！」とみんなが喜んでくれるのが、うれしくてたまらなかった。

父がいるときは、遊びでカラオケを楽しんでいても、「もう1回歌ってみ」と歌の練習になってしまう。「この曲は梨香にはあまり向いてないな。違う曲いってみよう」というふうに、気づいたら特訓になっていたりする（笑）。

まだ私が3～4歳ぐらいのとき、姉がジャズや洋楽が好きで、ビートルズの曲などをよくかけていたんです。

音楽を聞くと、自然と頭にストーリーが浮かんできて。それも即興で創作ダンスにしたりもしました。たとえばこの曲は「泥棒の設定」として、泥棒が盗みに入って見つかって逃げるまでのストーリーを作ってみたり。

近所の人に喜んでもらおうと、歌だけでなく、即興ダンスも披露していました。

そういえば、あるカラオケ大会に飛び入り参加したときに、「特別賞」をいただいたことがありました。

賞品のしょうゆの一升瓶をルンルン気分で持ち帰ったところ、事情を知らない母から「どうしたの？　返してきなさーい！」と、取ってきたと誤解されたことがありました（笑）。

あんちゃんをいじめるやつは許さない！

そんな感じで、物心ついたころから人前で歌ったり踊ったりしてきたせいか、はたまた、元来持って生まれた性質なのか——。

私は、何事に対しても物おじしない性格でした。

いやなことはいやだとはっきりと言うし、度胸もあったと思います。

そんな性格をよく表しているのが、小学校4年生のときにあった「タイマン事件」です。

ある日、友だちが「梨香の兄ちゃんが○○でいじめられているよ！」と、血相を変えて知らせに来ました。

私は大急ぎでその場所へ。すると、私よりひとつ年下の小学校3年生の女子が、兄に砂をかけて、「おまえはこの道を通るな！」と、通せんぼうしているではないですか。

当時はまだ、障害者に対する差別が根強くあり、あんちゃんは理不尽ないじめの標的になることも多かったのです。

私はその小3女子に詰め寄り、「やめろ！　あんちゃんをいじめるな！」と言いました。すると私の大声に押されたのか、「チッ、おまえ、覚えてろよ！」と、まるで時代劇みたいな捨て台詞を残して、彼女は去っていったのです。

そしてその翌日、新たなる敵を連れて私の前に現れました。

彼女の中学生の姉、どこからどう見てもヤンキーです。

ラスボスの出現に、勝気な私でも、さすがに足がすくみました。

小学校4年生から見たら、中学生はとてつもなく強くて、とうていかなわない相手だと思ったから。

ラスボスはガムをクッチャクッチャと噛みながら、「うちの妹をいじめたのは、おまえか？」とにらみつけてきました。そして、「こっちに来い」と、人気《ひとけ》の少ない駐車場に連れていかれたのです。

いったい、何をされるんだろう――？

でも、悪いことをしたのを許したくない気持ちと、あんちゃんを守りたいという強い思いのほうが勝ちました。

震える声を隠しながら、「いじめたのはそっちのほうだよ。あんちゃんを傷つけるのはいけないこと！」と主張したのです。

すると、ラスボスは妹に非があることに気づいたのでしょう。

「よし、話はわかった。あとは戦って決めろ！」と。

小学生にタイマン勝負をさせようなんて、令和のいまではとても考えられませんが、ときは昭和。ヤンキー全盛の時代です。

とはいえ、両親からつねづね「人を傷つけてはいけない」「絶対に手を出したらダメ」と言われていた私。最初から戦うつもりなどありませんでした。

悪いことをしたけれども、話せばわかり合えるはずだし、と信じていました。

ただただ、その女子をじっと見つめていました。すると、しびれを切らし、相手が「ワーッ」と大声を上げながら手を振り回して、こちらに向かってきたのです。

「危ない！」と、とっさによけました。そのとき偶然、私の右手が彼女の頬に入ってしまい……殴るつもりはなかったのに（泣）。

そのときの手の感触は、いまでも忘れられません。彼女は大声で泣き始めました。

すると、私たちの間に立ってなりゆきを見守っていたラスボスが、妹に向かってピシャリとこう言いました。

「あんたの負けだよ。今後、もう二度と、その道を通ったらいけないからね」と。

女子はその後、あんちゃんをいじめなくなりました。

正義は勝つ。
正々堂々と立ち向かって、本当によかった。
私は心からそう思いました。

この件以来、「正義は勝つ」は私の「座右の銘」となりました。相手が強かろうが、大きかろうが、権力を持っていようが——。

間違った行いをしている人には、ちゃんとNOを突きつける。
誰にも媚びない。長い物には巻かれない。

これは小学校4年生のあの日から、いまでもずっと大切にしている私のポリシーです。

大らかで明るかった、太陽みたいな母

幼少期を振り返ってみてあらためて思うのは、「家族愛に恵まれていた」ということです。

いつも笑い声が絶えない賑やかな家族でした。心が温かくなるような思い出が、数えきれないほどあります。

父が巡業でひと月に一度か二度しか帰ってこれなかったため、たまに帰ってくる漁師の妻のように、母は家のことや兄の世話などでとても多忙だったと思うのです。

それでもいつも大らかで明るかった。笑顔が絶えない太陽みたいな人でした。知らない人でもすぐに打ち解けて、仲良くなってしまうんです。

私の友人たちからも慕われていて、「梨香ママ＝みんなのおふくろさん」という感じ。

私が不在だったとしても、同級生がたくさん遊びに来ていて、鍋を囲んでいる、なんてこともよくありました。

玄関の扉を開くと、大勢の声で「おかえりー！」と迎えられ、「あ、みんな来てたんだ」と（笑）。


母は、賑やかで楽しいことが大好きだったから、おいしいものをみんなで分け合って食べるのがうれしかったんだと思います。

それと、戦争を経験していたから、若い人たちにひもじい思いをさせたくなかったのでしょう。

「おなかすいてない？」「もっと食べなさい」「おかわりは？」など、いつもみんなのことを気にかけて出しすぎて、「もういいよ、ママ」と、私が困ってしまうときもありました。


友人たちは、いまでも「梨香ママの握ってくれたおにぎりが、すごくおいしかった」「ご飯にかけるシチュー、あれからうちでもシチューをご飯にかけるようになった」とか言っています。

当時、母が握る大きすぎるおにぎりがちょっと恥ずかしかったけれど、あれは「ひとつでもおなかがいっぱいになるように」という母の愛だったのかなと。中身の具がいっぱい入った、まんまるおにぎり。

母のおにぎりのメニューで大好きだったのが、みそをたっぷりご飯に塗る風味豊かで香ばしいみそおにぎり……絶品だった。

母が亡くなって20年以上が過ぎたいまでも、「ああ、ママが作ったみそおにぎりが食べたいなぁ」と思うことがあります。

そして、あの味を思い出すと、ちょっと泣けてしまいます。

母が作ってくれた料理のなかで、いちばん好きだったのはホワイトシチューです。市販のルウも入れるのですが、小麦粉とバターを使い、豚肉、にんにくも入れて、チーズも入れる。大きめのじゃがいもやにんじんがごろごろ入った、下町のシチュー。

ひと皿のご飯にシチューをかけて、ドリアのように食べるのが我が家のスタイル。トッピングはママ特製のきゅうりの古漬け。何度もおかわりして食べ続けていました。

松本家でホワイトシチューの香りがしてきたら、それは「今日は梨香がツアーを終えて家に帰ってくる日」という合図です。それくらい、ホワイトシチューは自分にとって忘れられない、大好きな「おふくろの味」なのです。

思えば、母は私のいちばんのファン。

そして同時に、心強い応援団長でもありました。

商店街の飲食店などに、私のポスターを貼ってほしいと頼んでくれて。パンを買いに行ったら、レジ横に貼られていた写真の自分と目が合ってびっくり、みたいな（笑）。

うれしいけれど、少し恥ずかしくて、「ママ、もういいから！　大丈夫だからそういうのやめて～」と、よく言っていました。

ＣＤをリリースした際には、いくつかのＣＤショップで、50枚ずつ予約してくれて。

それをまた、「応援してやってください」といろんな方へ配ってまわって。

いつも私には何も言わず、あちこちで娘の宣伝をしてくれていたのです。


大量に届くファンレターの整理も、母がしてくれていました。

「梨香、こんなにありがたいことを書いてくださっているよ」「うれしいね」「励みにしてがんばらないといけないね」と、いつもうれしそうに読み上げながら、母は涙していたり……。

私が活躍することを自分のことのように喜び、励まし、応援してくれていた応援隊長、ママ！


それに、どれだけ勇気づけられ、救われたかわかりません。

母には無償の愛を、たくさんたくさんもらいました。

そのおかげで、私は（自分で言うのもなんですが）、裏表のない、まっすぐな人間に育ったのだと思います。

私が人を大切にしたい、誰かの役に立ちたいと願うのも、母の背中を見て育ったから。母がいてくれたからいまの自分があるのだと、心から感謝しています。

すべてにおいて、まだまだ母の足元にも及びません。

少しでも近づけるように、日々、精進あるのみです。


そういえば、母が亡くなったあとにタンスを整理していたら、私の七五三のときの着物が出てきたんです。とてもきれいに大切に仕舞われていたので、まるで新品。母の愛を感じずにはいられませんでした。

この着物をみんなに見てもらいたいと思い、ステージ衣装にリメイクして、中国のＢＩＬＩＢＩＬＩでのライブのトリをとったときに着ました。母と一緒にステージを作っているような感覚にもなり、「ママ、ありがとうね」と伝えられているようで、幸せな体験でした。

BILIBILI のライブの様子。

七五三の着物をリメイクした衣装。

礼儀作法や芸のことには厳しかった父

父は若干23歳で、大衆演劇「新青座　中村雄次郎《なかむらゆうじろう》劇団」を旗揚げしました。劇場に人が入りきらず、扉を開けて、外にロープを張って芝居をやるほど人気が高かったらしいです。

座長として30人以上もの劇団員を束ね、全国各地を巡業する多忙な日々。舞台に一生を捧げた、芸能ひと筋の人でした。

銭形平次《ぜにがたへいじ》などを好演した歌舞伎役者の大スターになぞらえて「下町の大川橋《おおかわはし》蔵《ぞう》」、「長谷川一夫《はせがわかずお》」と呼ばれた父は、色気と華を併せ持っていました。

舞台を観に行くと、「ゆうちゃんのときだけ照明がパッと明るく変わっているように見える!」と観客が口をそろえて言うほど、光り輝いていたものです。

所作も、たたずまいも、台詞回しも、踊りもすべて、存在感と説得力に満ちあふれていて、圧倒させられていました。

オフのときには、黒のレザージャケットを着こなして、颯爽《さっそう》とバイクを走らせる。その姿は、娘の私から見ても格好よかった。

話もとってもおもしろくて、「自慢のパパ」でした。

巡業から帰ってくると、家のなかが明るく、お祭りみたいな空気になったことを昨日のことのように思い出します。

車のトランクには、肉や魚介類、フルーツなど、巡業先の名産品がぎっしり詰まっていて、「ご近所さんにも分けてあげたらいいよ」と。

母同様、いつも周囲のことを気にかけている優しい人でした。

私はダジャレを言うのが好きなんですが、思えば小さいころ、父をはじめ家族みんなで言葉遊びをよくしました。早口言葉とか、なぞなぞとか、クロスワードとか。

ということは、言葉の英才教育を受けていたということ！

だから、ダジャレ（言葉遊び）が得意なのかもですね（笑）。

それから、家には舞台の小道具で使う小判とか昔の小銭などがたくさんあったのですが、それを使ってお芝居ごっこなどもしていました。悪い人が家に入ってきたらこれでやっつけるんだと、玄関に本物ではない槍《やり》も置いていました（笑）。

劇団には、父より年上の劇団員やスタッフも多かったのですが、父はみんなから慕われていました。

おそらくそれは、父が一人ひとりのことを大切にしていたからだと思います。

たとえば幕が下りると、役者は化粧を落として帰り支度を始めるものですが、父はすぐには楽屋に向かいません。照明さんや小道具さん、もぎりのおばさんなど、裏方のスタッフをねぎらいに行くのです。

「お疲れさま」「大変だったね」「ありがとう」と、ダイレクトに感謝の気持ちを伝えるだけでなく、にこやかにその人その人と雑談をする。それが父流の、さりげない愛のこもったねぎらい方でした。

裏方さんたちは、座長だけど決して偉ぶらない父のことを信頼してくれていました。よく「ゆうちゃんのためならなんでもやるよ」「一生ついていくからね」と言ってもらっていました。

人の心を捉えて離さない魅力的な人でしたね。

ただし、礼儀作法や芸に関することには、とても厳しかった。

私は17歳から父の劇団で舞台役者の修業を始めましたが、ほかの劇団員と同様、父のことを「先生」または「座長」と呼んでいました。当然、娘だからといって甘えは許されません。むしろ誰よりも厳しかった。

高校に通いながら、掃除、洗濯、劇団員の食事の支度などをこなし、その合間で芝居の稽古。

覚えること、学ぶことがありすぎて、体はクタクタ、頭のなかはパンクしそうな毎日でした。

舞台の上でミスがあると、自分自身のことでなくても、私に濡れた雑巾が飛んできたものです。冬の寒いときだったので、それが石のように硬くて痛くて、つらくて……。

毎晩、シャワーを浴びながら、こっそり泣いていました。

ある日の本番中、ソロで踊る曲とはまったく別の曲が流れてきました。ひとりで舞台に立っていた私は顔面蒼白《そうはく》に。「ええい、もうどうにでもなれ！」と、アドリブで振り付けして、なんとか踊りきりました。無我夢中でした。

終演後、父は「なかなかうまく踊れていたじゃないか」とニヤリ。

あれが単なるミスだったのか、それとも、父による「度胸試しのテスト」のようなものだったのか――。

いまとなってはわかりませんが、おそらく「舞台にはハプニングがつきものだぞ」「気を抜くな」ということを教えるために、父がわざと仕組んだことだったような気もしています。

こんなこともありました。

ある日の公演で、私ともうひとりの座員がデュエットする演目がありました。

私は芝居が終わると、出番に間に合うように急いで歌の準備を整え舞台袖に着きましたが、デュエットの相手が現れません。準備が間に合わなかったのです。

すると、座長である父が、「出るな」と言いました。

つまり、私は出番の機会をひとつ失うことになったのです。

とても理不尽な思いでいた私に、父が言いました。

「もうひとりが遅れて出てきたら、その座員がミスしたことがお客様にわかってしまう。恥をかかせるなんてもってのほか」

もちろん、いまならわかります。

舞台はひとりで作るものではありません。互いにフォローし、ミスをカバーし合って作るものです。

「できる人ができない人に合わせる。それがわかるようにならなければ人の上には立てないし、座長にはなれないぞ」

父は、その考えを持っていたからこそ、誰からも信頼され、愛される座長だったのだと思います。

こうした父とのいろいろな出来事は、結果として私を、強く、たくましくしてくれました。

「若いときの苦労は買ってでもしろ」なんて言いますが、本当にそうかもしれません。

つらいことから逃げて、楽なところ、ぬるいところに身を置いていても、力はつかないし、視野も広くならないと思うから。

もしいま、何かに挑戦しようと思っている人がいたら、「一定期間、続けてみて」とアドバイスしたいですね。今日をとりあえずがんばってみることができたら、あとは長い先を考えずに、ちょっとずつ。1週間、あれ？　1カ月がんばれてる……と。

「石の上にも三年」とも言いますし、私がそうだったように、あとになって「あの時期、がんばっていてよかった！」と思える日がきっと来ると思うから。

もちろん、絶対に3年間というわけじゃなく、期間は自分で決めればいいと思います。また、あまりにもブラックだったり、理不尽だったりする環境ならば、我慢しないでリセットして全然いいと思うんです。

誰かに惑わされることなく、自分の心の声に耳を澄ませて、本当にやりたいことを見極めてほしいのです。そのうえで、自分なりに期間を決めて、がんばってみてください。

たとえ、目標や夢が叶わなかったとしても、その時間は決して無駄にはならないと思います。

最期までエンターテイナーだった父

父もまた、私のファンでいてくれて、同業者としてアドバイスをくれる役者の先輩でもありました。

私が吹き替えを担当した洋画は、必ず観てくれていました。

ベッドシーンがあるようなセクシーな役だと、「もう見ていられない」とビデオテープを突き返してきたり……（笑）。

俳優であり歌手でもある。もちろん声優としても私を高く評価してくれて、母とよく「俺たちは何もしていないのに、傑作ができた」「いい子に育った。上等だ、上等だ」と、話していました。

でも、何もしていないなんて、とんでもない。

父の仕事を間近で見てきたからこそ、エンターテインメントの世界をより深く考えられたし、俳優や声優、そして歌手の仕事をできるようになったのだと思います。

父がいたからいまの私がいると言っても、過言ではありません。

それくらい、大きな影響を与えてくれたのです。

父は、65歳のときに亡くなりました。

大腸がんでした。

舞台での父との共演の様子。

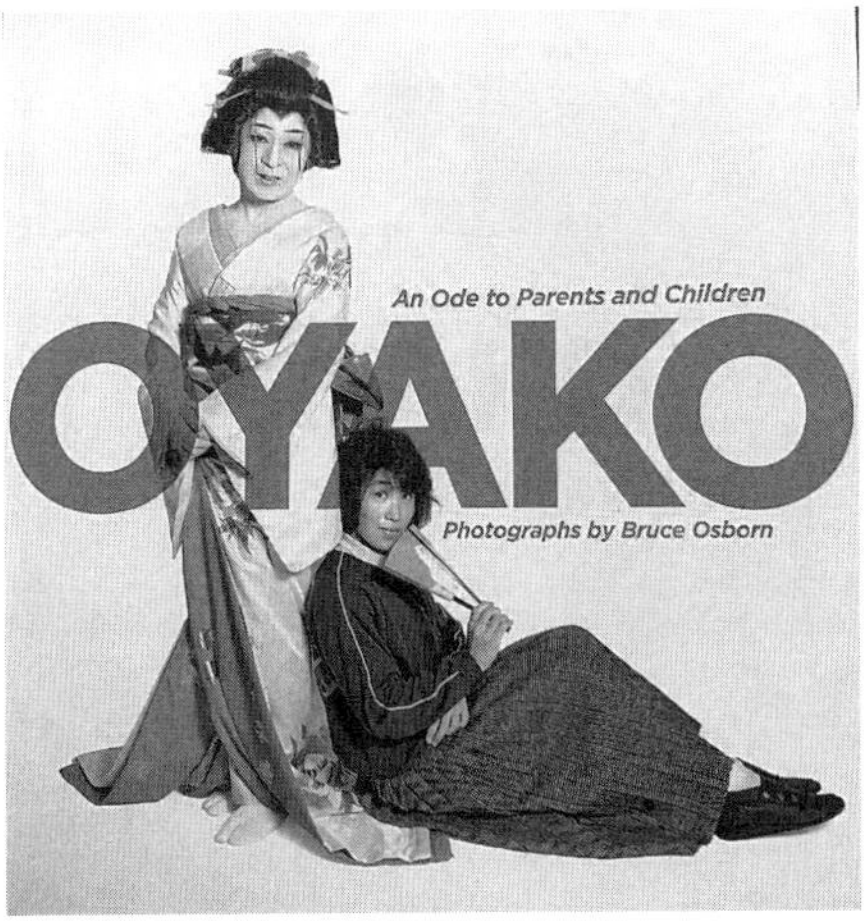

写真家ブルース・オズボーンが撮影した
父との写真。

2018年に「親子大賞特別賞」
を受賞。

入院当時、仕事と仕事の合間を縫ってお見舞いに行くと、父のまわりに大勢の人、看護師さん、患者さんなどが集まり、講演会みたいになっていることがありました。

病院にいてもなお、人のことを楽しませる父は、真のエンターテイナーだったのでしょう。看護師さんに、「あなたのお父さんってかっこいいし、本当におもしろくて素敵な方ですね」と言われて、すごく鼻が高かった。

最期までチャーミングな自慢のパパでした。

亡くなったあとも、父や母が近くにいてくれるような感覚になることがあります。

声の仕事が増えるのと反比例して、舞台の仕事が少なくなってしまった時期があって。おそらく声の仕事が順調だから舞台はもうやらないのではないかと思われていたのかもしれませんが、私としては舞台も大好きだったから、舞台俳優としてもがんばりたいと思っていました。

そのときに、父にお線香をあげて、「もっと舞台の仕事もやりたいと思っているんだよね」と語りかけながら仏壇のまわりを片づけていたら、父が舞台で使っていた十手《じって》が2本出てきたんです。でも、自分には必要ないから、どなたか必要な人がいれば差し上げようかなあなんて思っていたら、その2週間後に時代劇の舞台の仕事が来たんです。それも、十手持ちの役！

こういう不思議なミラクルなことが、ひとつやふたつではなかったりで。

だから、生きているとき以上に、父母の存在や応援を感じています。

しっかり者で、お母さんのような姉

姉とは10歳以上も年が離れていて、お姉ちゃんというより小さなお母さんみたいな存在でした。お姉ちゃんは髪の毛が長くて、本当に綺麗で、ミニスカートにブーツを合わせたりしていて、遊びに来た私の友だちがファンになってしまうくらい。

お姉ちゃんにはいろいろなところに連れていってもらったし、母があんちゃんのお世話で病院に寝泊まりするときなども、お姉ちゃんが家を守ってくれていました。

お姉ちゃんにおつかいを頼まれたときに、少女マンガ雑誌の『週刊マーガレット』を頼まれたのに、間違えて「マーガリン」を買ってきてしまったこともありました（笑）。

「マーガレット」と「マーガリン」を聞き間違えたのですが、当時、姉は母の料理のお手伝いでよく台所に立っていたので、てっきりマーガリンだと思って。マンガ雑誌を楽しみにしていた姉からしたら、マーガリンを渡されたらそりゃあなんで!?　とびっくりしますよね（爆）。

母親がふたりいると思ったエピソードがあります。

初めて生理になったときのことです。

私は病気かと思って「血が出てる」と言うと、姉がすぐに必要なものを渡してくれました。

そろそろだと思い、すべて用意してくれていたんです。

赤ちゃんのときにおしめを替えてもらったり……お姉ちゃんには頭が上がりません（笑）。

幼少のころ、お姉ちゃんのことが大好きだった私は、お姉ちゃんのものを欲しがったり、マネをしたり、ずっとそばをついてまわっていました。

そんなお姉ちゃんが結婚することになったときは、「梨香のお姉ちゃん」を取られるような気持ちでいっぱいで、お義兄《にい》ちゃんを恨《うら》んでたりしていたかと思います（笑）。

でもその後、不在がちな父に代わって、姉と一緒に家を守ってくれる存在になり、いろいろ面倒もみてもらい、いまではとっても感謝しています。

きっと、姉と義兄からしたら、妹の世話というよりも子育てのような感覚でしたでしょうね（笑）。

母が亡くなったときも、私が母のそばから離れずに泣いていたら、姉に「梨香、ごめんね。ママとふたりだけにしてもらえるかな」と言われて。

そのときに、初めて気づいたんです。

いままでお姉ちゃんにいっぱい我慢させてしまっていたのかな、と。

姉に甘えてばかりいた自分が恥ずかしかったです。

姉にいろいろ教えてもらったことが役に立っているし、年齢を重ねてすごくわかる。

母がおおらかなタイプだったのに対し、姉は細かいことによく気がつくタイプで、ふたりのもとで育ったことを、私はいまでも本当に幸せだったと感じています。

母、姉、兄との家族写真。

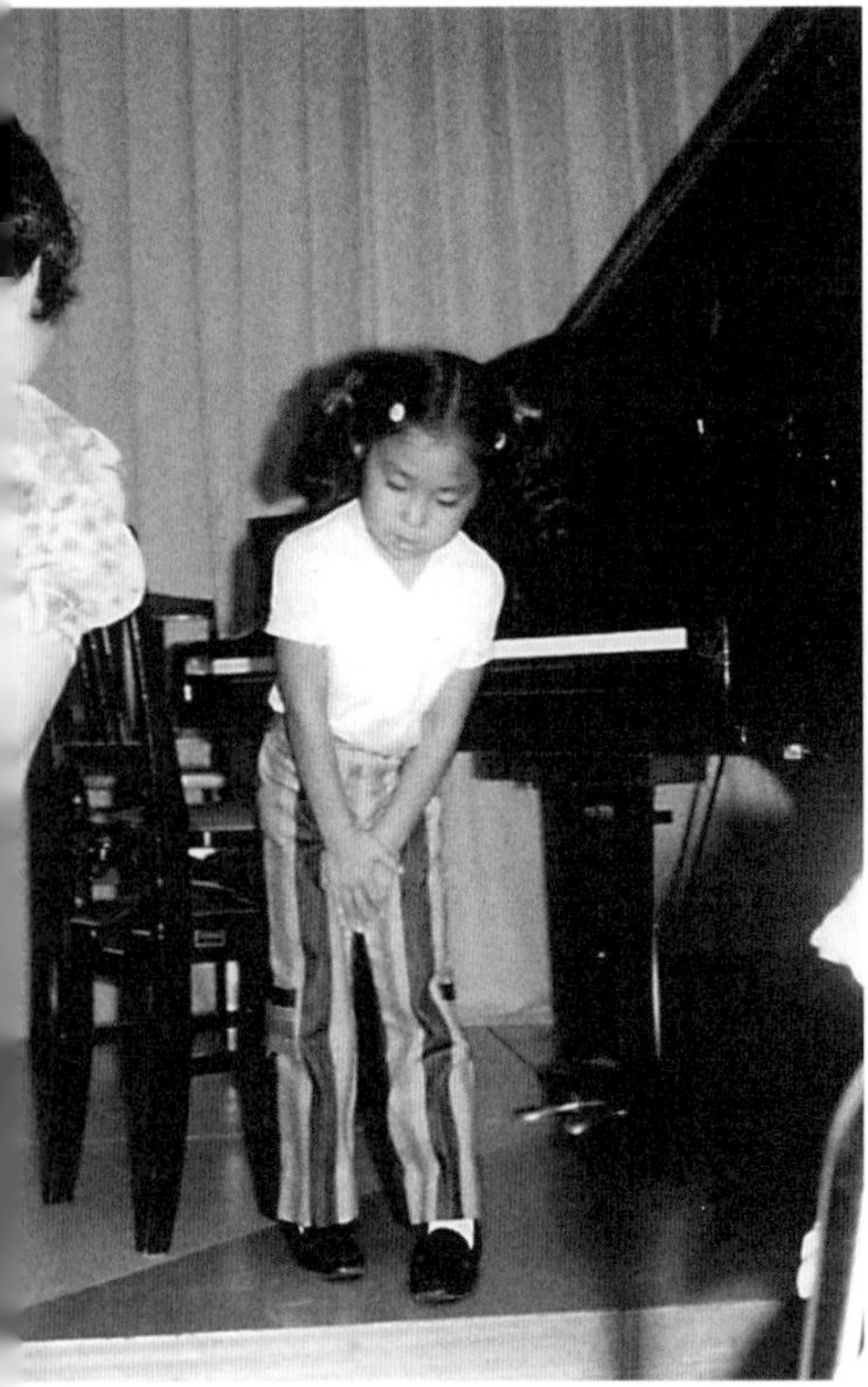

ピアノの発表会の様子。

母は、習いごとの総監督。

人生の崖っぷちから声優デビューまでの道のり

じつは私、一度、教員になろうと思ったことがあるんです。それは高校3年生の進路相談のときのこと。

スポーツが得意だったこともあり、「日体大に行って、体育教師になりたいと思います」と、先生に伝えました。

体育教師になれば経済的に安定するだろうから、両親に負担をかけずにあんちゃんの面倒がみられると思ったのです。

ところが、先生は「おまえは芸能界に入ったほうがいい。向いてるぞ。本当はそっちのほうがやりたいんだろう?」と。

文化祭のステージでパワフルに歌い、演劇で生き生きと主役を演じたり、毎日廊下で賑やかに笑ってしゃべっていた私を知る先生には、すべてお見通しでした。

見てくれている人はいるものだ、と感謝したものです。

そして高校卒業後、晴れて芸能への一歩を踏み出しました。

俳優の専門学校「俳協養成所（現・俳協演劇研究所）」へ入所し、舞台俳優になるために学び始めたのです。

同期には、少し年上の山寺宏一《やまでらこういち》、山さんの姿もありました。

山さんは生徒のなかではいちばん年上でリーダーシップも取っていて、専攻する科は違ったけれど、とても気が合って、しょっちゅう一緒に遊んでいました。

養成所のイベントではふたりで司会を務めたり、仲間たちも交えて飲み明かしたり、芝居について熱く語り合ったり、ときにはケンカしたりして……（笑）。

気づけば親友（悪友？）になっていました。

いまでもその友情が続いているのは、うれしい限りです。

あんちゃんとの突然の別れ

養成所で学び始めた翌年のこと。

井上《いのうえ》ひさしさんが主催する「こまつ座」の舞台『雨』のオーディションを受けたところ、町娘「おきよ」という役に選ばれました。

『雨』は現在も、再演を重ねる人気作で、大衆演劇や小劇場の舞台にしか立ったことのなかった私には、ソロでの日舞の披露もある大役。まさに、大抜擢でした。

せっかく選んでいただいたからには、「この子でよかった」と思ってもらいたい。

そう思った私は、台本には書かれていなかったにもかかわらず、「おきよ」をユーモラスに演じるために、スポンジで大きなホクロを作り、鼻の横にのりでつけました。

すると、主演の名古屋《なごや》章《あきら》さんや先輩たちから、「おもしろい子が来た」と、大好評。

気分よく、稽古に励み、無事に本番を迎えたのでした。

『雨』への出演が決まったとき、家族や仲間、ご近所さんもみんな喜んでくれましたが、なかでもいちばんうれしそうだったのがあんちゃんでした。

言葉が不自由なのに、商店街の店を一軒一軒まわり、チラシを配ってくれたのです。

妹のために少しでも役に立ちたい。そんなあんちゃんの優しさに胸がいっぱいになって、隠れてこっそり涙を流しました。

ところがその直後、あんちゃんは突然、帰らぬ人になってしまったのです。心筋梗塞《しんきんこうそく》で救急搬送され、そのまま息を引き取りました。1987年5月3日のことでした。

例年、横浜では、5月3日に横浜開港記念みなと祭のパレードが行われます。

華やかなマーチングバンドや仮装した人々が街を練り歩き、横浜がもっとも賑やかになる日のひとつです。

兄はこのパレードを見るのが大好きでした。そんな日に天国に旅立ってしまうなんて……。

どうして？

あんなに優しかったあんちゃんが、なぜ死ななければならないの？

あんちゃんの死を認めたくない私は、病院で泣きわめきました。

お医者さんにも、「息を吹き返すまで心臓マッサージを続けてよ！」「なんで諦めるの？」と食ってかかって……。

いま思うと、感情的になってしまい、申し訳ない気持ちでいっぱいですが、あのときはとにかく認めたくなくて、必死であんちゃんを起こしたかった。

あまりにも急で、あまりにもあっけない別れ。

泣いて、泣いて、泣きわめいて。

眠ることも食べることもできなかったけれど、なんとか舞台にだけは立ち続けていました。

どんなにつらくても、舞台に穴は開けられない。その一心で懸命に演じていました。

けれど、そのがんばりも長くは続きませんでした。

悲しみと強いショックのせいで、体が悲鳴を上げてしまったのです。

『雨』の地方公演に出演していたある日、ひどいめまいを覚え、立っていられなくなりました。

熱もある。起きているのも横になっているのもつらい。

いくつかの病院をはしごしました。ところが、どこも肺炎ではありますが、原因不明と言われるばかり。そのころはまっすぐ歩くことさえ難しくなっていました。

そこで横浜へ戻り、幼いころから通っている病院で精密検査を受けたところ、即入院と告げられました。

病名は、結核《けっかく》でした。

昔からよく知る主治医から、「あと1週間、見つかるのが遅かったら命が危なかった」「このまま舞台に立ち続けたら死んでしまうよ」と伝えられたときは、ショックすぎて言葉が見つかりませんでした。

茫然自失《ぼうぜんじしつ》の状態です。

ただし、同じ病気で入院している患者さんたちが次々と亡くなっていくのを見て、先生の言葉は大げさではなかったと知ることになります。

「私が生きていられるのは奇跡なんだ。だったらいまは、よくなることだけを考えて安静にしなければ。私が死んだら、あんちゃんや家族を悲しませることになってしまう。梨香まで天国へ行ったらみんなWパンチだ……」

そう思った私は、泣く泣く『雨』を降板することを決めたのでした。

人生の岐路に立ったときに見つけた新しい道

結局、入院生活は半年にも及びました。

先生に「このまま舞台に立ち続けたら死ぬ」と言われたものの、心のどこかでは「きっといつか復帰できるはず」と楽観視している部分もありました。

舞台俳優として活躍し、主演女優賞をとるという夢が、どうしても諦めきれなかったのです。

ところが、なかなか退院の許可は下りませんでした。

病室で何もせずに横たわっていると、自分だけが取り残されたような気がして、不安と焦りが押し寄せてくる。

そんなストレスに耐えきれなくなり、ある日とうとう、先生の前で感情が大爆発してしまいました。

「このままここにいたら、舞台俳優としてダメになっちゃう。女優生命が終わっちゃう！　早く退院させてくださいっ！」と。

いつもは物静かで穏やかな先生でしたが、そのときばかりは違いました。大量の薬をつかみ、泣きながら「おまえなんか、これを全部飲んで死んじゃえ！」と投げつけてきたのです。

「副作用で耳とか聞こえなくなるかもしれない。たくさん飲んだら難聴になる！耳の検査とか増えるぞ！」

「それでもいい！　早く退院できるなら」

そして、先生が帰ったあと、病室中に散らばってしまった薬を、泣きながら一つひとつ拾い集めました。

いまだったら大問題になりそうな言動ですが、先生だって人間だもの。幼いころから知っている娘みたいな私のわがままに、思わず感情が爆発してしまったのでしょう。

そして、「命よりも大切なものはないんだぞ」と言い聞かせたかったのだと思います。

結果的に、その出来事が、「舞台俳優として活躍する」という夢をリセットするきっかけになりました。

そして、あんちゃんという宝物と舞台俳優という人生をかけた夢。

その両方を同時に失った私は、どう生きるべきか人生の岐路に立たされることになりました。

自分には何ができるだろう。

もし何かできるのであれば、どんなことだって挑戦したい。

そうした思いがぐるぐる頭のなかでまわり、ベッドの上で悶々《もんもん》と過ごす日々が続きました。

そんなある日、すでに声優として活躍し始めた山さんがお見舞いに来てくれました。

何気なしに、「声優の仕事って楽しい？　大変？　梨香にもできるかな？」と聞いてみたところ、「うん、おまえならできるよ」と、さらっと即答。

軽く聞いただけではありましたが、信頼できる山さんからそう言われたことで、暗闇にひと筋の光が射したような心地がしました。

じつは、これには後日談があるんです。

山さんに「あのとき、そう言ってもらえて感謝してる」と伝えたところ、「え、俺、そんなこと言ったっけ？　まったく覚えてないや」と、まさかの返事が返ってきましたとさ……。

まあ、それくらい何気ない会話だったんです（笑）。

退院した直後、『雨』で共演した大先輩の名古屋章さんからも、「梨香は演技ができるんだから、マイクの前で演じてみたら？　表現する場所は舞台の上ばかりではないよ」と、アドバイスをもらいました。

当時、名古屋さんはラジオドラマなどでも活躍されていたので、その言葉には重みと説得力がありました。


そっか、演じる場所は舞台だけじゃないんだ。

よし、声優というお仕事に挑戦してみよう！

持って生まれたプラス思考の私は、もう次の目標を見据えていました。

そんなときに、アニメのオーディションがあることを知り、参加することを決めました。なんでも全身全霊、命をかけてやるぞ！　と、覚悟の気持ちがすごかったです。

その作品こそ、私の本格的な声優デビュー作となる、『新・おそ松くん』でした。

オーディション用の原稿に書いてあった台詞のオチを少し変えて、おもしろおかしく演じたところ、「こんなことする人は初めてだ」「君みたいなユニークな子がいたら、この業界も活気づくかもしれないね」など、大好評。

その結果、大先輩たちに交じって、ド新人の私が抜擢されたのです。

松野《まつの》家6兄弟の三男坊、チョロ松役でした。

あのときは、「またエンターテインメントの世界でやれるんだ！」「新しい人生の扉が開いた！」という晴れ晴れとした気持ちと、まったく知らない世界への好奇心で、わくわくドキドキでした。

「崖っぷちの下」は谷でもなく海でもなく、「新しい道につながっていた」――という感じ。

よく「ピンチはチャンス」って言うでしょう？

あれって本当にそうだと思う。

ピンチのときを、発想の転換でなんとか乗り越えれば、いいことが待っているものです。

でも、それもこれも、友人と先輩のおかげ。

あらためて、「人の縁」に感謝した出来事でした。


こうして、声優として活動することになるわけですが、これは密かに天国のあんちゃんが導いてくれたことのようにも思えました。

だってあんちゃんは、アニメや戦隊モノが大好きだったし。

妹の私に、自分が大好きだったことと子どもたちを元気にすること、「声優の道でがんばりなさい」と、私の人生を軌道修正してくれたのかもしれないな……。

あんちゃんに、線路の分かれ道でガチャンと切り替えられた。

とても不思議な感覚。

本当のところはわからないから、いつかあんちゃんと再会したときに聞いてみたいと思います。

ピンチのときも、
発想の転換で
なんとか乗り越えれば、
いいことが待っているもの

「こまつ座」にて。江波京子さんと。

「夢座」の舞台の様子。

困っている人の力になりたい

人生が終わりを迎えるとき、亡くなった親しい人たちが天国から迎えに来てくれる――。そんな話を聞いて以来、私には目標ができました。

それは、迎えに来てくれるであろう家族に「みなさんのお役に立ててえらかったね。いままでよくがんばりました」と、言ってもらうこと。

そのためには、これまで以上にいろんな人の役に立つことをしていかねばならないと思っています。

困っている人がいたら、迷わず手を差し伸べる。

その瞬間を見逃さず、かゆいところに手が届くようなお手伝いがしたいのです。

たとえば、小さなことかもしれないけれど、鼻をかみたそうにしている人にティッシュペーパーを差し出すとか、道に迷っている人に「どうしましたか?」と声をかける、といったことから。

相席になった人がおなか痛そうにしていたら、「大丈夫ですか? 何かお手伝いしましょうか?」と声をかけたり。

私は小さいころからあんちゃんが困っている姿を見て、自分がすぐ動くが自然と身についたのかもしれません。だから周囲を観察して困っている人を見つけると、つい声をかけてしまうんです。

以前、電車のなかで赤ちゃんが大泣きしていたことがありました。

お母さんは、必死にお菓子を出したり音の鳴るおもちゃであやしたりしていたけれど、泣き声は大きくなるばかり。けれど、乗客はみな、知らんぷりです。なかにはしかめっ面《つら》をする人も。

私はたまらず、お母さんのもとへ駆け寄りました。そして、バッグのなかから光るピカチュウのキーホルダーを取り出して、赤ちゃんに渡しました。

「ほら、見て。光るピカチュウだよ。かわいいでしょう?」

赤ちゃんはキョトンと首をかしげながらも、ちょっとびっくり。興味津々でピカチュウを見つめています。すると気が逸《そ》れたのか、すぐに泣きやんでピカチュウを手に取って笑顔に。

お母さんは何度も何度も「ありがとうございます」と頭を下げてくれました。「子どもは泣くのが仕事だから、気にしないでね。がんばってくださいね」と答えたけれど、電車やバスなど公共交通機関で子どもが泣いていると、お母さんもお父さんも他人の目が気になって、恐縮してしまいますよね。残念ながら、そういうことに理解のある人ばかりではないし。

だから私はつねに、小さなキラキラしたおもちゃやキーホルダーなどをバッグに忍ばせているんです（笑）。

子どもって光るものが大好きだから、いざというときに取り出して渡してあげられるように。そして、あなたたちを優しい気持ちで見守って応援している他人もいますよ、ということを親御さんにお伝えするために。

あのとき、赤ちゃんが泣きやんでくれたのはもちろん、お母さんが笑顔になってくれたことが、ものすごくうれしかったです。

電車を降りるとき、「これからも子育てファイト！」と手を振りながら、心のなかでエールを送ったのでした。

寂しい子どもたちにしてあげられることはないか

たとえ小さな行いでも、自己満足だったとしても、困っている人がいるのに、知らん顔して見て見ぬふりでその場を立ち去るなんて、私にはできません。

「誰かの役に立てたらいいな」という衝動に対して、すぐに対応できるフットワークの軽い自分でいたいし、自分の心が信じるままに動きたいのです。

人にどう思われようと、そんなことは気にしません。

誰かの喜ぶ顔が見たいから、笑ってほしいから、ただ自分がそうしたいからやるだけなのです。


いま、家族の在り方はさまざまです。両親共働きやシングル家庭で、寂しい思いをしている子もいるでしょう。ヤングケアラーなど、人には打ち明けられない悩みを抱えて孤軍奮闘している子だっている。

そんな子どもたちに、自分ができることはないだろうか……。

エンターテインメントの力を借りて、寄り添うことはできないだろうか……。

ここ数年でいっそう、その思いが強くなりました。


私がもらったたくさんの愛を、いろいろな人にお返ししたい。

家族愛のすばらしさを伝えていけたらいいなと思っています。

家族といっても、血縁で結ばれた関係だけではありません。

幼いころ、地元の人たちが私たちを温かい目で見守ってくれたように、社会が一体となって子どもたちをケアし、守り育てていけたらいいなと思うのです。

そんな思いで作ったのが、『ゆめらっちょ』（リバプール）というCD付きの絵本です。

ご主人を亡くし、シングルマザーになった友人から聞いた話がきっかけになってできました。

友人は朝早くから夜遅くまで働いていたため、幼い娘さんと一緒に過ごす時間が少なかったのだとか。帰りが遅くなる日も多く、娘さんに寂しい思いをさせてしまっていたそうです。

そんなある日、娘さんが「夜、ひとりで眠るのが怖い」と言い出しました。

おそらく、寂しさがピークに達してしまったのでしょう。

その話を聞いたとき、矢も盾もたまらず「それなら梨香が絵本を読んであげる!」と言っていました。「読み聞かせなら任せて!」と。

ただし、いつでも友人の家に行ってあげられるわけではないので、それならいっそのこと読み聞かせのＣＤがついた絵本を作ってしまおう、と思いついたのです。

タイトルは、「チェゲェラッチョ!」という楽しげな言葉と意味が素敵で、『ゆめらっちょ』に決定!

原作・イラスト・朗読・主題歌の作詞・作曲と歌唱、すべてを自分で担当しました。まるごと松本梨香です（笑）。

物語を書くのは初めてだったけれど、イラストは描くのが大好きで、当時、放送作家のつづき秀雄《ひでお》さんと相談しながら仕上げました。

もともと美術が得意ということもあり、いままでもCDジャケットの絵を描いたり、グッズのTシャツにイラストを描いたりしていました。今回は子どもたちから親近感を持ってもらえるように、あえて「へたうま」を意識して、ひと筆書きで子どもたちも描けるよう、やわらかいタッチのイラストにしました。

内容は、男の子と動物たちが、夢のなかで大冒険する物語です。

動物たちは、子どものころから通して、私のまわりにいた子たちをモデルにしました。

たとえば、ニワトリの「キックくん」は、近所の神社で飼われていた鳥です。幼少のころ、私を見かけるといつも追いかけてきては蹴ってくるので（笑）、単純だけど「キック」と命名。

「かめのまっちゃん」は、いつも遠征などの仕事で出かけると、きまって「かめ」の置き物やグッズを買ってコレクションにしている事務所スタッフの「まっちゃん」（笑）。

また、おじいさん犬は、これまで飼ってきた我が家のワンちゃんたちを思い浮かべながら、楽しく描きました。リクは、自分が男の子だったらと、「リク」。

「ゆめらっちょ！」のなかでは、空を飛べないはずのキックも飛べちゃうし、かめは重い甲羅を脱ぎ捨てて、身軽に踊ることができる。さらに、歩くことがたどたどしく、寝てばかりいるおじいさん犬だって、元気いっぱいに走りまわることができるんだよ――。そんなメッセージを込めて作りました。

そして、そこに人の夢を見ているだけのリクが、初めて行動を起こして怪物と戦う。私の幼少のころ満載なんです。

手前みそだけど、温かくて優しい、いい絵本になったと思っています。

読んだり聞いたりしてくれた子どもたちが「夢の世界は楽しいな」「眠るのは怖くない」と思ってくれていたら最高ですね。

『ゆめらっちょ！』のポストカード。

絵本『ゆめらっちょ！』。

『ゆめらっちょ！』のニワトリのキックくん。

「まんまるプロジェクト」で元気を届けたい

小さなころから、家族や友だちに「梨香が笑っていると、つられて笑っちゃう」「ドリフの笑い声みたい」とよく言われていました。

ダジャレやギャグがイマイチでも、言った本人が大笑いしているから、だんだん楽しくなっていくみたい。

笑顔は伝染する！

そして、まんまる笑顔が生まれる。

だったら大いに笑って、笑い合って、笑顔のまんまるの輪をつなげたい！

と、熱い心で、２０１０年に「まんまるプロジェクト」を発足しました。

「世界中の子どもたちに愛と笑顔を届ける」というのがコンセプトです。

障害があるあんちゃんと一緒に育った私にとって、ボランティア活動は特別なことではなく、ごく普通、「当たり前のこと」という意識があったのです。

まんまる。それは、人と人とをつなぐ輪。

愛。HAPPY。あふれる笑顔。心がほっこりと温かくなる気持ちのこと。

みんなの優しい「まんまる」が集まって、大きな「まんまる」になる。みんなが「まんまる笑顔」になれますように――。

そんな願いを胸に、活動を続けています。

最初の活動は、自分でデザインしたハート型のストラップを販売することでした。このストラップをひとつ買ってもらうと、ひとりの子どもにポリオワクチンが打てるという取り組みです。

「ストラップひとつで救える命があります。」というキャッチコピーをつけて、地元・横浜のお祭りや、自分のライブなどで手売りしていたのです。

「いまやれることをすぐにやる」のが、まんまるプロジェクトらしさなのかなと思って、精力的にやっていました。

2011年の東日本大震災の直後には、「無力さを嘆く暇があるのなら、動き出そう!」と、義援金を集めて被災地へ送ったり、チャリティライブやチャリティオークションに参加したり、東北の伝統芸能を関東に招待し、いろいろな人たちに身近に感じてもらい、東北と関東を結ぶべく、近い存在になるよう活動しました。

また、2018年、振り袖の販売・レンタルを行う業者が突然営業を取りやめたことで、成人式に晴れ着が着られない人が相次ぐという悲しい出来事が起こりました。

一生に一度の晴れの日が、悲しい一日になってしまった——。

きっと落ち込んでいるであろう新成人さんたちを、どうにかして励ましたい、成人式をいやな思い出にしたくない、と。

そう思った私は、すぐにイベントを計画しました。

「まんまるプロジェクト」始動です！

被害に遭った新成人と、20歳以下の若者を無料招待し、『「上を向いて歩こう！」～つなげよう！日本伝統文化～』と題したライブを開催したのです。坂本九さんの『上を向いて歩こう』をはじめ、さまざまな曲を、ゲストのみなさんを交えて歌わせてもらいました。

もちろん、『めざせポケモンマスター』も！

ステージも客席も一緒になって、たくさんのみなさんの協力があったおかげでまんまる笑顔に変えられた瞬間であったと思っています。

そして2023年、福島県浪江町《なみえまち》の音楽イベント「なみフェス」にも参加しました。

福島県出身のアーティストさんたちと一緒に制作した、浪江町のテーマソング

『まんまる』を初披露したのです。

震災の影響から町を離れなければならず、別の場所で暮らしている町民のみなさんにも届きますように。

心を込めて、大切に歌わせていただきました。

東日本大震災からずっと心がけていたのは、「つながりを持つ」こと。

「つながっているよ」ということが、いちばんの支えになると思っています。

本当の意味での復興はまだまだこれから。

浪江町のみなさんに本当の笑顔が戻る日まで、自分のことのように私たちにできる応援を続けていきたいです。

そして、この「まんまるプロジェクト」を通じて、国内だけでなく世界中に、思いやりの気持ちや、愛、ＨＡＰＰＹ、笑顔の輪を広げていけたらいいなと思っています。

まんまるプロジェクトの様子（関内ホールにて）。

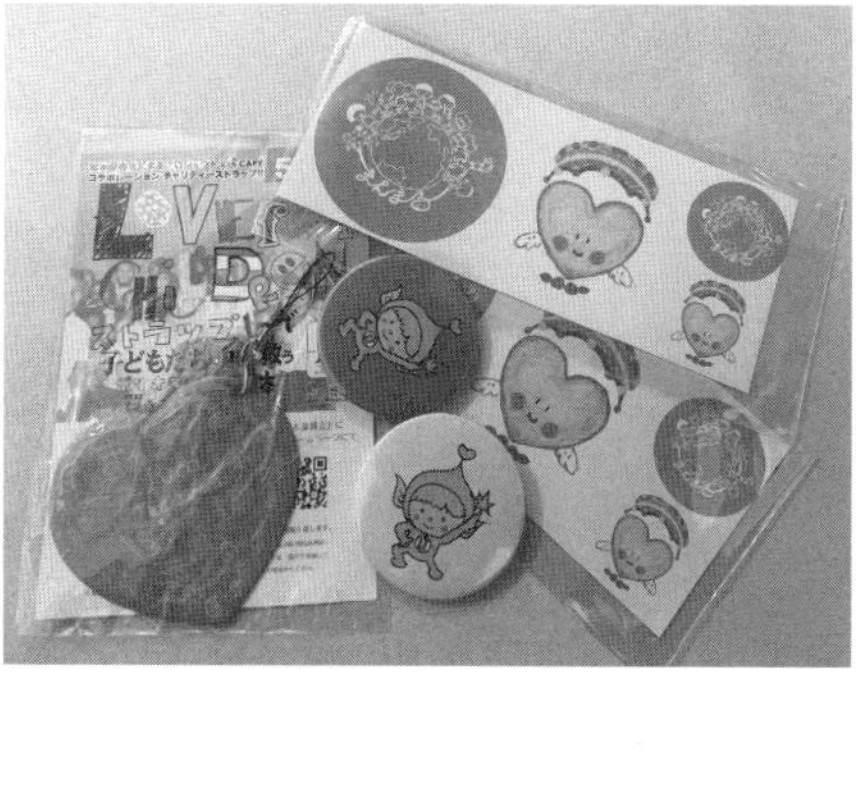

プロデュースした「まんまるプロジェクト」のポリオワクチンのストラップ、缶バッジ、シールなど。

そして、「愛する」の章を締めくくるにふさわしい、私の家族でもあり、相棒である、愛犬の「まんる」をご紹介します。

私は昔から、動物たちとは不思議と通じるところがあります。

小学生のころ、近所の公園にいたポチという犬をかわいがっていた時期がありました。ポチがケガをしてしまったときは、知恵をしぼって消毒や手当てをしたり。

そうしたらある日ポチが、まるで「こっちへ来い」とでも言わんばかりに誘導してきたことがありました。家と家の間の、子どもひとり通るのがやっとのような狭い路地を抜けてついていくと、小さな広場のようなスペースがあって、なんとそこに、まるで犬の集会のごとく、たくさんの犬たちが集まっていたんです。

私のことを仲間に紹介してくれようとしたのか、真意はポチに聞かないとわかりませんが、そんなふうに、動物たちとはつねにシンパシーのようなものを感じていました。

そんな数々の動物たちとの出会いを経て、いま我が家にいるのが「まんる」です。

まんるは現在6歳、マルチーズの男の子です。

以前飼っていた「アポロ」の友だちを迎え入れようと、ペットショップに出かけたときに出会いました。あと1週間で北海道に行くと小耳にはさみ、それでは私が引き取ります！　と。

マルチーズだから、ペットショップで「まる」「まる」と呼ばれていて、その声に反応していたんです。だから、近い名前にしてあげたくて。

考えていて、ハッとひらめきました。

「まんまるプロジェクト」のマスコットの名前でもある「まんるちゃん」はどうかな？　一緒にいると、まあるく、優しい気持ちになれる子だから、きっと合うと思う！

ということで、「まんる」に決定したのでした。

代々、うちの愛犬たちはタレント犬と思われるくらい頭がいいのですが、まんるもいろんな芸ができる賢い子です。

でも、じつは彼には何も教えてはいないのです。アポロに教えているのを横で見ていて、すっかり覚えてしまったみたい。観察力がすごいんです。

ちょっとピカチュウとも通じるようなツンデレなところがあって、「まんる、こっちにおいで！」と呼んでみても、「ママが来れば？」みたいなクールな表情をします（笑）。

でも、私が落ち込んでいると、そっとそばに来てくれる。悲しみを吸い取ってくれるように、まんまるの瞳でじっと見つめてくれるんです。

その優しさに何度、救われたことでしょう。

まんると一緒にいると、いつの間にか笑顔になれている自分がいます。

イヌなのに、ずっと一緒にイル！

なんちゃって……ダジャレも絶好調です（笑）。

愛犬「まんる」と。

アポロとまんる。

アポロ。

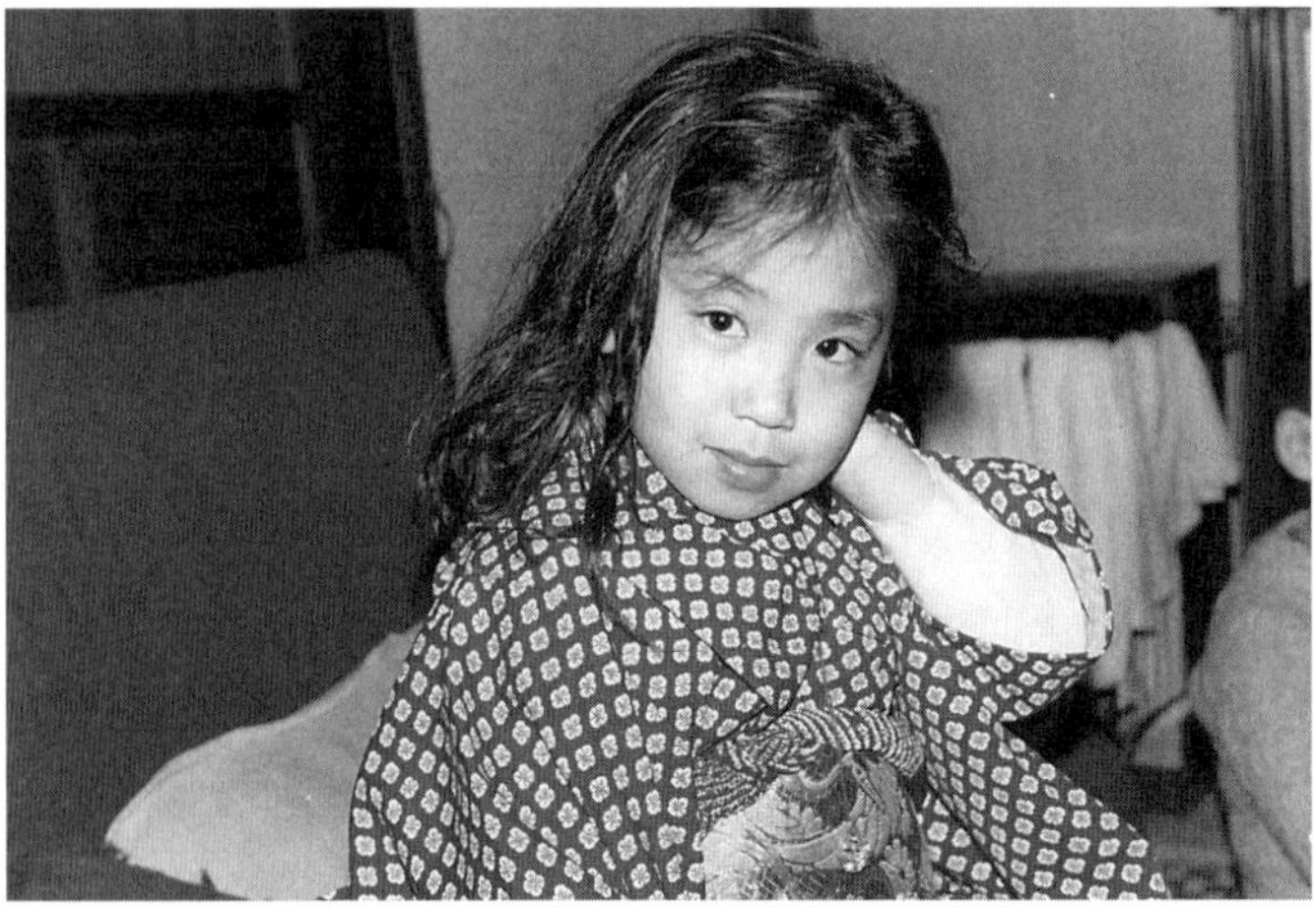

幼少のころ、自宅にて。

小学校の卒業式（いちばん左）。

かわいがっていた野良犬のポチ。

中学の修学旅行（いちばん右）。

高校の仲間と（真ん中）。

舞台にて

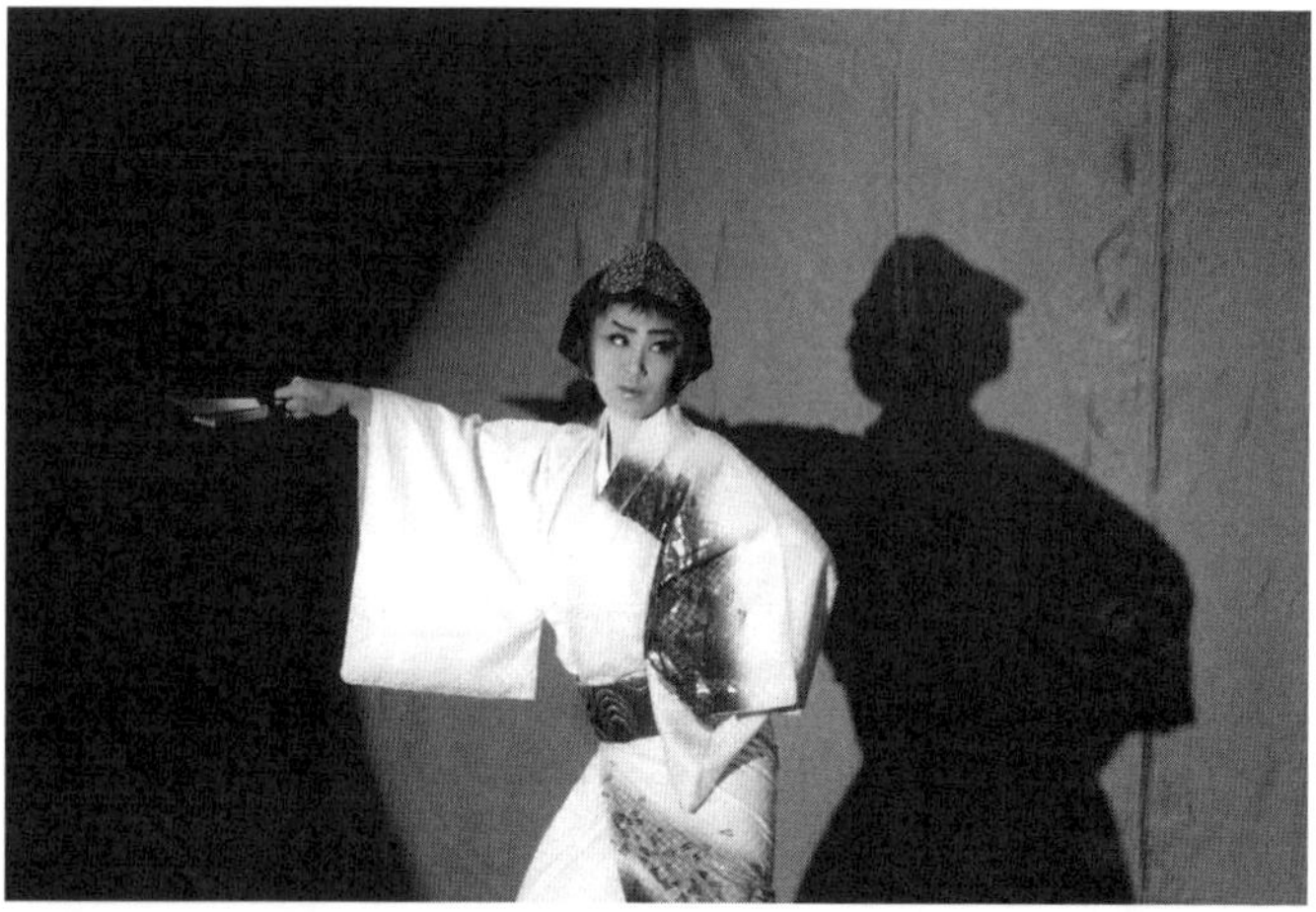

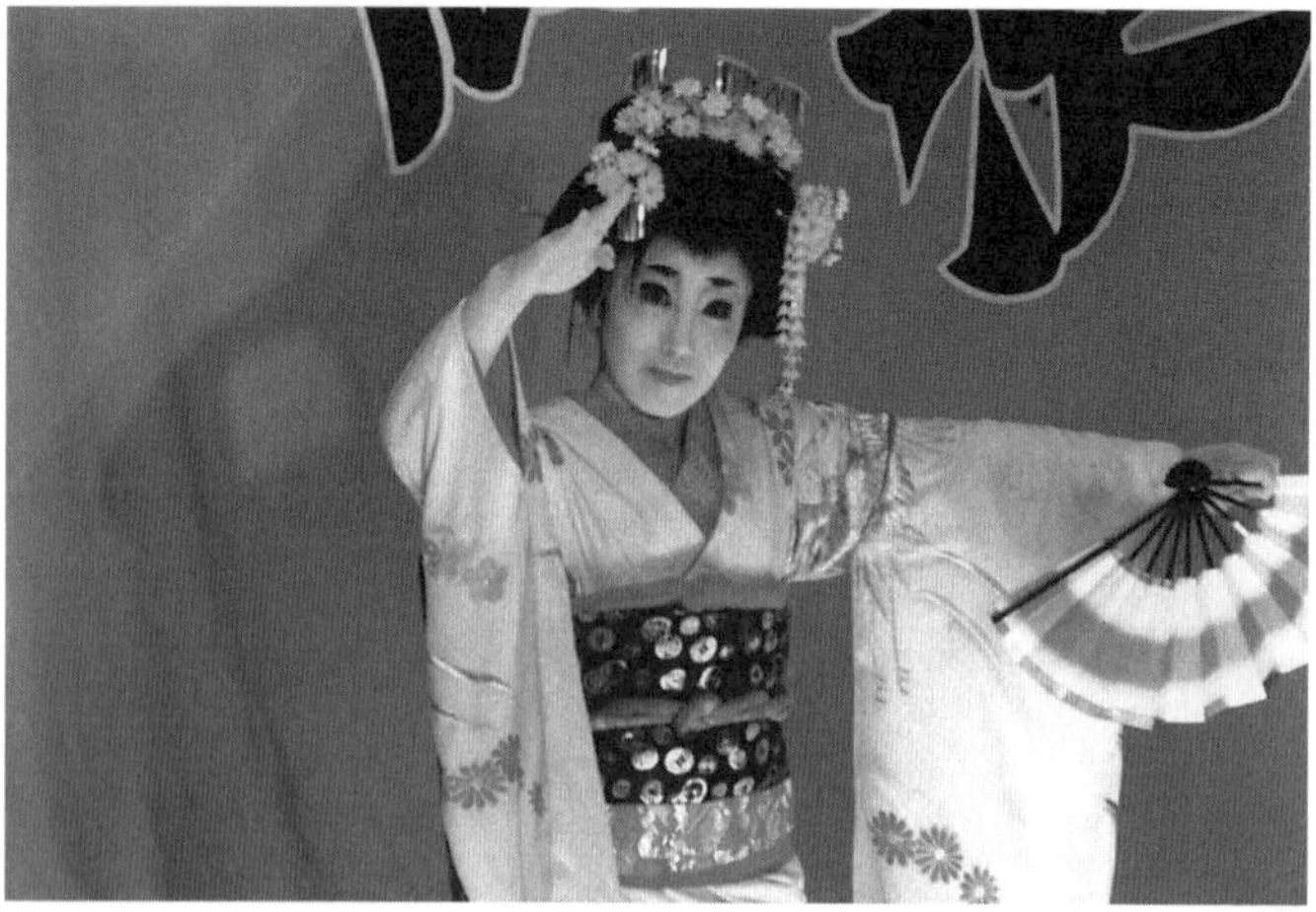

第2章　演じる

ミュージカル『オズの魔法使い』。

新人声優の誕生

ここからは、私がこれまで声優として、そして俳優として役を演じてきたなかで、印象的だった作品や人物、エピソードについて触れてみたいと思います。

天国のあんちゃんに導かれるように声優としての活動を始めた私でしたが、当時は「3年でものにならなければ、キッパリやめよう」と思っていました。「石の上にも三年」と言うから、まずは3年を目標に無我夢中でがんばってみることにしたのです。

養成所では舞台俳優としての基礎を学びましたが、声優の授業を受けたことは一度もありません。知識はゼロの状態です。

そのため、デビュー作となった『新・おそ松くん』の現場で、イチからすべてを学びました。

収録初日のことは、一生忘れられないと思います。

だって同じスタジオに、イヤミ役の肝付兼太《きもつきかねた》さんや、デカパン役の大平透《おおひらとおる》さん、チビ太役の田中真弓《たなかまゆみ》さんといった、小さいころから耳にしてきた方々の声が飛び交っていたのですから。

演技をしている最中に、「あ、この声は、あのアニメの○○だ！」と気づいて、ひとりで興奮していました。

とにかく、そんな大先輩たちと同じ空間にいられることが信じられないような感覚だったことを、昨日のことのように覚えています。

舞台俳優とはずいぶん勝手が違っていたのは、自分だけの演技ではなく、画《え》の動きに合わせ、しゃべる尺も決まっていること。二人三脚をやっているみたいな……感覚。

声優は体をあまり動かさずに、口元はマイクの前で固定して演技をしなければなりませんが、ついつい舞台俳優のくせで動いてしまい、マイクから外れ、うまく声が乗らず、NGを出してしまうこともありました。

また、録音スタジオのマイクは自分専用ではなく、複数人が交代で使うため、自分の順番を正確に把握しておかなければなりません。入れ替わり立ち替わり使うので、フォーメーションのような……。ほかの声優さんがマイクの前に立つタイミングを計りながら、収録に臨むのです。

私の番が近づいたのに、うっかり座ったままで、先輩から「ほら、早く立って！」と、胸倉をつかまれて、引っ張り起こされたことも。ひょえ～（笑）。

録音スタジオでは、お芝居だけできてもダメで、まわりとのコミュニケーションも大事なんだと、身をもって体験した出来事でした。

先輩たちもスタッフさんも、厳しいなかにも愛のある方ばかり。

声優業界のことを何も知らない新人が飛び込んできたにもかかわらず、本当にいろいろなことを丁寧に教えていただきました。

音響監督の水本完《みずもとたもつ》さんから「ほかの声優のアフレコをよく見ておくように」と言われて、居残り見学することもしばしば。

そうして、先輩たちの技を盗むというか、いろいろなやり方を見て聞いて、自分なりに学んでいったのです。

たとえば、アフレコは決められた時間（尺）のなかで、アニメの口の動きと合わせて台詞を言わなければなりません。

でも、そこが声優の腕の見せどころ。個性が表れます。

先輩たちの名人芸に感動して「よし、梨香もいっちょやってみるか！」と挑戦。虎視眈々《こしたんたん》とアドリブ炸裂《さくれつ》。

私が担当していたのは、松野6兄弟（六つ子）のうち、三男坊のチョロ松役。チョロチョロしていておっちょこちょい、愛嬌《あいきょう》のあるお調子者です。

そのキャラクター設定を守りつつ、ストーリーに沿うアドリブで、ちょっとだけギャグを入れてみたりね（笑）。

そういうことを重ねているうち、チョロ松のエピソードにおもしろいオチがつくようになりました。

「役を少しだけ私の演技に寄せてくださったのかな……？」と、すごくうれしかったことを覚えています。

「三十年後のおそ松くん」という番外編のような回があったのですが、兄弟たちがキッチリした七三分けだったのに対し、チョロ松はツルツルのハゲ頭になっていました（笑）。

ほかの声優さんから、「梨香がチョロ松をおもしろいキャラクターに育てたんだよ。梨香ならではのチョロ松だね」と。

褒められ、これからもがんばるぞ！　と意気込みました。

でも最初は、自分の声がちゃんと男の子になっているのか、自問自答することもしばしば。

この現場での経験を通して、自分自身が子どもの気持ちに帰って少年になりきったり、台詞の語尾までしっかりと意識したりすることで、ちゃんと男の子として成立するんだな、と確信を得ることができました。

そんな手ごたえを感じられた、忘れられない初仕事でした。

初めて声優という職業に真剣に向き合った

初めて主役を演じたのは、忘れもしない1991年。

『絶対無敵ライジンオー』でした。

キャリアも実力もある先輩たちが大勢いるなか、まだ新人の私が抜擢されたのです。

驚きと喜びが湧き上がる半面、座長としてチームを引っ張っていかなければいけないというプレッシャーもあったように思います。

デビュー当時から「3年は続ける」と決めていたので、「とにかく全力でやってみよう」「ダメだったらきっぱりやめなくては」と、自分を鼓舞しながら収録に臨んでいました。

『絶対無敵ライジンオー』開始から半年くらい過ぎたころでしょうか。

思いがけないことが起こりました。

新しく始まるアニメ『伝説の勇者ダ・ガーン』で主役を演じてほしいというオファーが届いたのです。

同時期に、ふたつのアニメで主役を演じる。

なんと光栄なことだろう。

でも、『絶対無敵ライジンオー』の主役をやり終えたら、舞台に戻ろうと決めていた自分。

少し躊躇《ちゅうちょ》して両親に相談したところ、こんな答えが返ってきました。

「自分が大変だったとき、声の仕事に拾ってもらえたんだろ。その恩返しもしていないのに何言ってるか。お引き受けしたら？」

「あなたを必要としてくれる方がいるのは、ありがたいことだよ」

と。

その言葉に背中を押されて、挑戦してみることに決めたのです。

『伝説の勇者ダ・ガーン』の音響監督だった千葉耕市《ちばこういち》さんは、俳優、そして声優でもあり、クリストファー・リーが演じた映画『吸血鬼ドラキュラ』のドラキュラ伯爵をはじめ、アニメなど、幅広い役を演じていた方でした。

プレーヤーならでは、「ここは、こんなふうにやってみて？」と技術を伝授してくれて、実際に演じながら演出してくれるのですが、それがものすごく的確でわかりやすかったんです。

まさに目からウロコでした。

若さとパワー、そして舞台俳優で培った自分なりの演技で乗りきってきた私のことを、ほかの声優さんに「梨香についていけばいいから」とリスペクトしてくださっていましたが、千葉さんの洗練された技術を目の当たりにして、「声だけで演じるって、こんなに奥深い世界だったんだ！」と気づかせていただけて、自分のレベルも格段に上がったと思います。

千葉さんは私に、演技メソッドだけでなく、声優の仕事のおもしろさを教えてくれた人。

本当に感謝しています。

もしあのとき、『伝説の勇者ダ・ガーン』という作品に出合っていなければ、間違いなく私は声優を辞めていたと思います。

それくらい大切な作品なのです。

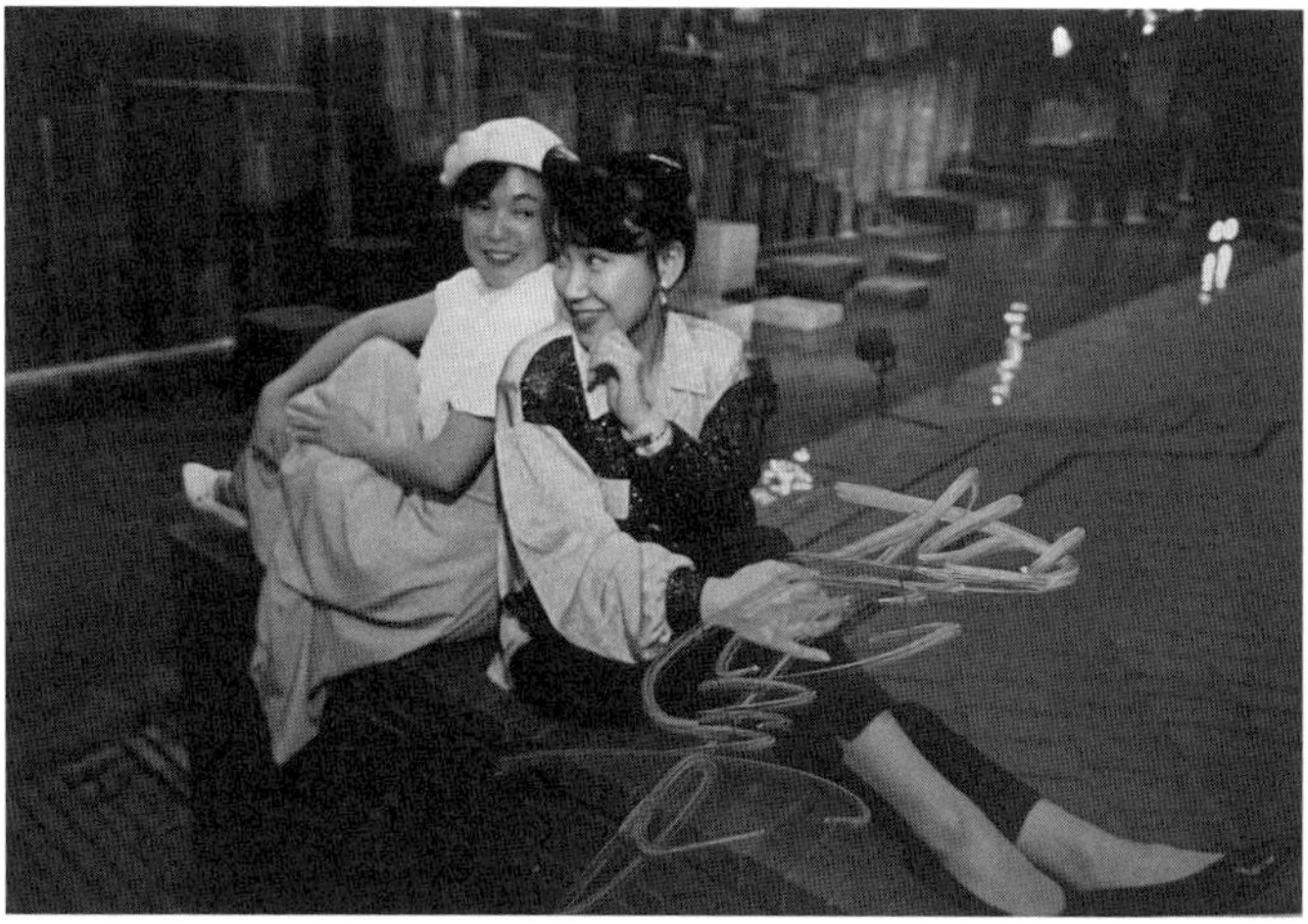

『伝説の勇者ダ・ガーン』のヒロインの香坂ひかるを演じた紗《さ》ゆりさんとのポストカード。

『伝説の勇者ダ・ガーン』の音響監督だった千葉耕市さんと。

一丁前の声優になったと認められた気がした

『新・おそ松くん』でお世話になった水本監督と再タッグを組んだのは、1995年のこと。

アニメ『NINKU -忍空-』で主役の風助《ふうすけ》役を任されました。

またお芝居が大好きな水本さんのもとで主役をやれると思うと、すごくうれしかったことを覚えています。

ただし、水本さんはいい作品を作るために、いっさいの妥協を許さない音響監督さんです。

満足のいく演技ができなかった場合、何度も録り直しすることでも有名で、そして何より面倒見がいい、人情の熱い人。

だから収録のときはいつも、いい意味での緊張感を持ってマイクの前に立ち、信頼している水本さんのふところに飛び込む気持ちで一生懸命にがんばりました。

いまでも忘れられないのが、風助が相棒であるペンギンのヒロユキとお別れするシーンを収録したときのこと。

役に入り込んで演じていたら気持ちが高ぶって、泣きのお芝居をするシーンではあったのですが、本気泣き。我慢しながら台詞もしぼり出す。

でもアニメの口の動きと台詞が合っていなかったので、「きっと録り直しになるだろうな」と思っていたんです。

ところが、水本さんは「梨香の演技がすごくよかったから、絵を描き直してもらおう」と言ってくれたんです。

アニメ作品は、画の制作と収録が同時進行で行われることがほとんど。

アフレコの現場では、線画（色が塗られていない画）を使って収録することが多く、このときもそうでした。

線画や吹き出しであったことは幸いでしたが、とはいえ、絵を描き直してもらうのは時間も労力もかかり、大変な作業となります。普段ならば収録したものを録り直すほうを選択するものなのです。

だからこそ、私の演技がよかったからと、優先してくださったことが本当に感謝でしかなかった。

やっと水本さんに、「おまえも一丁前の声優になったな」と認めてもらえたような気がして、誇らしい気持ちでいっぱいでした。

リテイクの思い出

水本さんといえば、ほかにも忘れられないエピソードがあります。

私自身は瞬発力で生きているので（笑）、リテイクをそれほど繰り返すことはあまりないのですが、『幽☆遊☆白書』のときに一度だけありました。

水本さんから、収録の際に、「売れてきたからって、口先だけで表現をしているからダメなんだ」みたいなことを言われて、叱られて。

とてもショックではありましたが、自己反省をしつつかなりへこんで……。

でもそのときに演じていたのが、いじめられている役だったんです。

だからそのあとに、追い詰められた心を我慢しながら必死で演じたからか、より迫真の演技となりＯＫが出ました。

いま思うと演出のための叱責だったのかもしれませんが、それと同時に、すごい愛情をかけていただいていたのだと思います。

とてもありがたい、いい経験で、思い出すたびジワッときます。

井上瑤さんからのバクラのバトン

２００1年から２００４年まで約3年半にわたって演じた、アニメ『遊☆戯☆王デュエルモンスターズ』の獏良了《ばくらりょう》も印象に残っている役です。

アニメ『新・おそ松くん』でご一緒していた井上瑤《いのうえよう》さんの訃報を受け、バトンを受け取って演じることになったのです。

天国の瑤さんから「梨香にやってもらってよかったわ」と言ってもらえるようにがんばらなくちゃ！　いつも遙さんが見てくれていると、気を引き締めて収録に臨んでいたことを覚えています。

獏良了には二面性があり、普段は素直ないい子なのですが、「闇バクラ」と呼ばれるもうひとつのキャラクターは、〝闇〟とつくくらいですから冷酷非道で残虐な性格です。

「こんなやつがそばにいたらヤバいぞ、と思われるくらい、思いきり両極端な振り幅がある感じで演じてやろう」と、高笑いをしながら決め台詞を叫んだり、内臓をえぐり出すような台詞回しも……。

役者冥利に尽きると、楽しんで演じていましたが、あまりにも喉を酷使《こくし》していたため声が枯れてしまい、次の仕事ができなかったこともあったくらい（笑）。

すごく大変だったけれど、その分、やりがいのある役でしたね。

必要としてくれる人がいることは、本当にありがたいこと

サトシとの出会い

声優になって一歩ずつ、赤ちゃん、小さな子どもからヒロイン、お母さん、おばあちゃん、動物（笑）と、確実に歩みを進めていた私。

ついに、いちばん長く付き合うことになる、あの国民的アニメと出合います。

テレビアニメ『ポケットモンスター』です。

放送が始まったのは、１９９７年４月１日。

以来、２０２３年３月24日の第１期終了まで、26年にわたって主人公のサトシ役を務めました。

始まった当初、一年間というお話で始まった番組。

まさかこんなに長く続くとは誰も思っていなかったと思います。もちろん、私自身もそうでした。

サトシ役のオーディションで渡された台本には「パジャマはジャマだ。ぼやぼやして遅刻したけど、ぼうやじゃありません」と書いてありました。「ダジャレ好きの楽しい男の子。梨香と似てるじゃん！　もう梨香じゃん（笑）」と親近感を抱き、だったらと、台本にダジャレを3つくらい書き足して、オーディションで披露しました。

オーディションは長期にわたって開催されていたので、審査する方たちも疲れていると思い、「ちょっとでも笑顔になってもらえたらいいな」と思ったんです。そういう大胆さというか、ユーモアのあるところ、明るさ、元気が「まんまサトシだね」と、監督に言っていただけました。

サトシ役については、ほかの作品以上に、役作りのようなことはほとんどしていません。

「演じないことを演じる」みたいな……リアルをどこまでできるのか追求したくて、ほぼ素の私のまま。「THE　梨香」です。

子ども時代の「正義は勝つ」がモットーだった自分を思い出しながら、自然と役に入っていきました。

とにかく元気いっぱいに話すこと。バトルシーンでは情熱を持って戦うこと。子どもたちがマネしたくなるようなかっこいい言い回しや、隣にリアルに存在するような親近感を持ってもらえるよう、つねに意識して演じていました。

監督からも「こうやって」「ああやって」といった具体的な演出はなかったので、そのまま自由にやらせてもらいました。

ひとつだけ守っていこうと思ったのが、「自分の心に嘘をつかないで演じる」ということ。

「ポケットモンスター」はゲームから派生したオリジナルアニメです。

原作漫画があるわけではないので、完成してみるまでは、どんな作品になるか、まったく想像できませんでした。

普段は観に行けないことが多い「0号試写」（関係者だけで映像を観賞する試写会のこと）。

声優はめったに呼ばれないのですが、このときは特別に招待して松本梨香さんにも観ていただきたい、観ておいてほしいということで、「ぜひとも」と観に行きました。

「どんな作品になっているんだろう」と、早く観たい気持ちでドキドキとワクワクでいっぱいでした。

観終えた瞬間に、「めちゃくちゃおもしろい！　これ、みんなに喜んでもらえる。絶対にヒットするよ！」と、確信。同時に、深く感動しました。

そして「いい作品と出合えて、サトシを演じられてよかった！」「早くみんなに観てもらいたい！」など、次から次へといろんな感情があふれてきて、涙が止まらなくなりました。

もうね、大号泣です。

30分のなかにいろいろなメッセージがぎゅっと詰め込まれていて、2時間の長尺の映画を観た感覚。


案の定、放送後の反響は大きかったですね。

オープニングテーマ曲『めざせポケモンマスター』を歌わせてもらっていたこともあって、私のもとにもたくさんのファンレターや応援メッセージが届きました。

ダブルミリオンを達成

「演じる」という本題からは少し逸《そ》れてしまうのですが、オープニングテーマ曲『めざせポケモンマスター』の裏話を少しだけ。

じつはこの曲、放送開始日の直前に録音されたものなんです。間に合うか間に合わないか、本当にギリギリのところで完成し、無事に録音を済ませました。

放送開始直前にやっとレコード会社も決まって、私が当時在籍していたソニー・ミュージックと提携。放送開始から約3カ月後の6月28日に発売されました。

最初のうちは、ＣＤショップでの取り扱いはなく、ポケットモンスターの関連商品を取り扱う店舗だけで限定販売されていたみたいです。

ところが発売するなり、爆発的な大ヒットに。最終的にＣＤの売り上げ総数は２００万枚以上。ダブルミリオンの達成です。

歌っている私自身も、ビックリを通り越して、ただただ驚くばかりでした。

地方のイベントでステージに立つと、１００人規模から1万人規模に変わっていきました。

会場の後ろのほうでは、お父さん、お母さんに肩車された状態で子どもたちがたくさん見てくれていたり。

大ヒットしたことで「印税、すごいんじゃないですか？」などと言われるのですが……。

残念ながら買い取り契約だったため、私に印税はまったく入らないんです。ちなみに買い取り額は1曲10万円でした。

当時、アニメソングは買い取り契約が主流だったことで。

気づいたら、買い取り契約に決まっていたのです。

でも。こんなに愛されている曲をずっと歌い続けられるのは幸せなこと。

目先のお金に振り回されることなく、いまも変わらずたくさんの方に支持され、自分が歌うと喜んでもらえる。

いまでは海外にもファンが大勢いて、海外でも歌うと大合唱になります。

みんな日本語の歌詞を覚えていて、一緒に歌ってくれる。

それってすごいことですよね。

お金では買えないものを、もらっている。
私の歌だけど、みんなの歌。
ファンの代表として「今日もめいっぱい楽しむぞ」「みんなの代表として、一緒に歌うぞ」という気持ちでいつも歌っています。

だから、ＹｏｕＴｕｂｅチャンネル『ＴＨＥ　ＦＩＲＳＴ　ＴＡＫＥ』で、『めざせポケモンマスター』を歌わせてもらったときも、まったく緊張しませんでした。

ぶっつけ本番、好物！　最高だ！（笑）
歌い終わったあと、思わず出た言葉が、「楽しかったぁ……」。
自分でもまったく意識していなかったのですが、あれは本当に、心の声が漏れ出たものでした。

ポケモンショックで不安な子どもたちのために

１９９７年にアニメ放映を見た一部の視聴者が光過敏性発作を起こし、救急搬送されるという事件もありました。

当時、家に帰ったら母に「大変、ニュースになっている」と言われ、驚いて。アニメ放映は４カ月間休止となりました。その間に自分のライブやイベントで全国をまわっている際、いつも「みんなが大好きなポケモンは、信じていればまた絶対に始まるから、忘れないように一緒に歌おう」と声をかけて、みんなで一緒に歌い続けました。

不安なことがあっても、たくさんの方が知ってくれて、笑顔になれる歌を歌えるのは、何物にも代えがたい私の財産です。

私が歌手であることを認めてもらえるきっかけになったこの大切な歌を、みんなに望んでもらえる限り、これからも、ずっと歌い続けていこうと思っています。

サトシは私そのもの。
子どものころのことを
思い出せば、
それはサトシでした

あんちゃんが通っていた養護学校（体育館）でのイベントの様子。

アフレコじゃなく「日本語版を作る」

私のことをサトシ役として知ってくださった方も多いと思いますが、洋画の吹き替えのお仕事も、これまでたくさんさせていただきました。

アニメで男の子の声をやることが多いと、一概には言えませんが、オファーが来るのは子どもの役ばかりになってしまいがち。

でも私の場合、早いタイミングから映画やドラマでさまざまな女性役の吹き替えを担当させてもらっていたので、両方のキャリアを重ねてこられたのはすごくラッキーだったと思います。

吹き替えの仕事で心がけているのは、単なるアフレコではなく、「日本語版を制作する！」ということ。

日本の声優の力で作品をブラッシュアップし、さらに作品の価値を高めたい！

そんな心意気でやっています。

海外の俳優さんの演技を観ながら、「この人は日本語がしゃべれる外国の方なんだ」というくらいに思ってもらえたら本望です。


印象に残っている作品はたくさんありますが、そのひとつが1999年に公開されたリュック・ベッソン監督作の『ジャンヌ・ダルク』です。

公開直後、映画館で字幕版を観ていたときに、「これは私がやるべき役だ！」と雷に打たれたような感覚を味わいました。

時代は違えど、ジャンヌ・ダルクがそのころの自分に重なって見えたのです。


ミラ・ジョヴォヴィッチ演じるジャンヌ・ダルクは、嘘をつくことが嫌いです。

宗教裁判にかけられ、火あぶりの刑に処されることになるとわかっていても、絶対に嘘をつかない。不器用なまでに実直です。

そういうところが、自分と似ていると思えたのです。

彼女が戦士になったきっかけは、街を歩いているときに剣を拾ったから。それはただの偶然ではなく、「神様が自分に与えてくれたものである」「これで人を助けろということなんだ」と直感的に思う。天啓を受けたと感じるわけです。その信心深さ、心の美しさにすっかり魅せられてしまった私は、「日本語版を制作するのであれば、私にぜひやらせてください！」と、プロデューサーに自分から売り込みに行きました。それならばオーディションをやりましょうということになり、後日、開催されたオーディションを受け、無事に合格。どうしても演じたいという私の情熱のようなものが演技に出て、そこを評価していただけたのではないかと思います。

ジャンヌが天啓を受けて戦士になったように、私も神様に導かれて演じることになった——。そんな運命を感じずにはいられませんでした。

さらに、うれしい出来事がありました。

吹き替え版を観てくれた大先輩の大木民夫《おおきたみお》さんが、「梨香が吹き替えをやったことで、ミラ・ジョヴォヴィッチがアカデミー賞を獲れるくらいの大女優に見えたよ」と言ってくださったんです。

大木さんは職人気質の声優さんで、仕事に対してまっすぐ実直。完璧を求めるゆえに自分にも他人にも厳しいところがあり、決して軽々しくお世辞など言わない方でした。台本の読み方を教えていただけた先輩です。

そんな大木さんに褒めてもらえたことがとにかくうれしくて、「やった！　もうこれでいつ仕事をやめてもいい……」と思ったくらい（笑）。

芸に厳しい姉からも絶賛の感想をもらえ、そんな出来事も含めて、『ジャンヌ・ダルク』は私にとって忘れられない仕事のひとつとなっているのです。

大木民夫さんとは新人のころ、アニメのレギュラー番組でずっとご一緒させていただいたこともありました。

そのときに、大木さんはどんな台本の書き込み方をしているんだろうと興味がわいて、お願いして見せてもらったことがあるんです。そうしたらすごく細かい書き込みをされていたので、こんなにやっているからこそとちらないし噛まないし、細かい演技ができるのか、と思い、台本の書き方をマネしていました。

大木さんはどんな役でもこなされていて、すばらしい。

当時は収録ではなく生でやっていたから、やはりそういうところで鍛えられていた方々は本当にすごいなあと、いまでも尊敬の念がやみません。

吹き替えは、さまざまな国のさまざまな人物になれる

オリジナル・ビデオ・アニメーション『ファイナルファンタジー』で演じたプリッツ役も、オーディションで勝ち取ったものです。

別の役のオーディションを受けるために訪れていた会場で、偶然、『ファイナルファンタジー』のＡ４用紙に１シーンだけ書かれたオーディション台本を目にしたんです。

読んだ瞬間、「これは、私がやらなきゃ誰がやる。私がやるべき役だ！」と確信しました。そこでプリッツ役のオーディションに変更してもらい、見事、役を射止めたのです。

「役に惚れ込む」作品と出合え、それをオーディションで勝ち取る。

それは、とてもラッキーですし、幸せなことだと思います。

一方、オーディションではなく、オファーをいただいて演じる機会も多いです。最近では、映画『ウォンカとチョコレート工場のはじまり』日本語吹き替え版で、オリヴィア・コールマンが演じるミセス・スクラビット役を演じました。じつは以前、映画『ファーザー』でもオリヴィアの吹き替えを担当しましたが、そのときは慈愛に満ちた女性をたおやかに演じていたオリヴィアが、一変して、いじわるなスクラビットさんを好演していた。

その振り幅に、同じ俳優さんとは思えないと感心したんです。演じ分けがすばらしいと。

そして、そんな芸達者な俳優さんの吹き替えを任されるのは、「あなたは芝居ができる人です」と認定してもらえた気がして、すごくうれしいもの。

オーディションで勝ち取るのとはまた違う。

プレッシャーもありますが、やりがいを感じます。

アフレコの様子。

そういえば『ウォンカ～』では、「トイレが直ってなーい」みたいな台詞を、アドリブで「便は急げ」と言い換えているんです。現場では大爆笑。「海外に確認してみないとわからない」ということだったのですが、まさかの海外もOK。アカデミー賞をとった女優さんに、ダジャレを言わせたことになったんです(笑)。

アニメーション映画『トロールズ ミュージック★パワー』の日本語吹き替え版で、デルタ・ドーン役を演じましたが、そのときの出来事も心に深く残っています。

デルタ・ドーンは、からっ風が吹き抜けるロンサム・フラッツという村で村長を務めるカントリー・トロール(カントリーミュージックを愛する妖精)。正義感が強く、村民のためにがんばる素敵な女性です。

アメリカ人歌手、ケリー・クラークソンが演じる字幕版を観たとき、「この役をやることになったのは必然だった」と感じました。

正義感の強さや、歌を心から愛しているところなど、自分と似ているところがたくさんあったから。

日本語版でも、聴いてくれた人の心にまっすぐ届くような歌が歌いたい——。そう考えて、監督に「演歌風に歌ってみてもいいですか？」と提案しました。なぜなら、アメリカのカントリーミュージックと日本の演歌は、「魂の歌」という意味で似ているんじゃないかと思ったから。

監督も「それ、いいアイデアだね」と賛成してくれて、私なりのデルタ・ドーンを演じることができました。

演歌風にアレンジしたデルタ・ドーンの歌、ぜひ日本語版をチェックしてみてくださいね。

外国映画も、アニメ同様、台本を読んで感じたままに言葉をつないでいく。もっというと、役柄の人になりきってしゃべるのです。

こんなふうに考えてやっています。一度ドラマを自分自身でとった。で、声をあとから入れているんだと思い込んで台詞を言う。

私は演じるうえで、いわゆる憑依型《ひょういがた》タイプだと言われたことがありますが、そのため、心に闇を抱えた人物を演じたりすると、収録が終わってもなかなか役から抜け出せなくて困ったこともあります。

韓国映画『シークレット・サンシャイン』で、チョン・ドヨン演じる主人公のイ・シネを演じたときが、まさにそんな感じでした。

自分のついた些細《ささい》な嘘のせいで大切な息子を失うことになってしまう、悲しい母親の役です。

やり場のない悲しみと苦しみに苛まれ、どんどん壊れていくイ・シネ。

あまりにもつらすぎると、人間はこんなふうになってしまうのか……と、恐怖すら覚える迫真の演技でした。

チョン・ドヨンはこの作品で、第60回カンヌ国際映画祭の女優賞を受賞。

それも納得の名演でした。なので、リアルに演じたい私は、普段の生活から作り込んだんです。

彼女が憑依した状態の私は、収録中ずっとつらくて悲しくて苦しくて、お昼休憩のときも誰とも団らんせず、気持ちが塞ぎ込んでいました。収録が終わって家に帰っても役から離れられず、気分がズーンと沈んだまま。1週間くらいはイ・シネだった気がします。

ダジャレや楽しいことが大好きな普段の元気な私を知る人なら、「どうしちゃったの?」と心配になるレベルだったと思います。

ときどきそんな大変なこともあるけれど、すばらしい作品の「日本語版」を作る喜びは、何物にも代えがたいです。

「言霊」として届ける

脚本に書かれていることを言霊として届けるとき、自分が言えなかった言葉が書かれていたりすると、その台詞を借りて浄化させるつもりでやっています。

私は父や母やあんちゃんに、もっと「ありがとう」と伝えたかったという気持ちがあるのですが、たとえば洋画などで家族に「ありがとう」と告げるシーンがあったりすると、その役と台詞をお借りして、天に向けて言霊として発することで、伝えたかった気持ちを届けられる。台詞が言霊となり、想いが浄化されると思っています。

舞台『レ・ミゼラブル』でテナルディエ夫人を演じたとき、彼女は宿泊客からあらゆる方法で金品を巻き上げるような人物なのですが、その時代だからこそああいうふうに生きるしかなかったのかなと感じ、その人を現代によみがえらせるような気持ちで臨みました。

なので、いい演技ができたときは、「ああ、いま浄化したな」と感じることも。

これからも、いろんな人物の人生を疑似体験させていただきながら、そして楽しみながらみなさんに喜んでもらえる「日本語版」を作っていきたいです。

絶対に嘘をつかない。
不器用なまでに実直。
そういうところが、
自分と似ていると思えた

仕事にはすべて意味がある

これは振り返ってみて思うことなんですが、仕事にはすべて意味があると思うんです。

自分を成長させてくれたり、気づきを与えてくれたり。

ほかにも、そのときどきの自分に必要なことが、仕事として私のもとにやってきてくれる。経験からそんなふうに思ったりします。

たとえば、最愛の母を亡くしたとき。

心は悲しみでいっぱいなのに、仕事の場面では元気なふりをして作り笑顔の自分が、嘘をついている気がしていやでたまらなくて。

母に喜んでほしくて仕事をがんばっていたようなところもあったので、心にぽっかり穴が開いてしまっていたのです。

「仕事、やめようかな」

ふと、そんなことが頭をよぎりました。

すると、心配してくれたバンド仲間から、こんなことを言われたのです。

「いまの想いを歌詞にしてみたら？　大切な人を亡くして悲しんでいる人はたくさんいるし、いまの梨香なら、その人たちの気持ちをいちばんわかってあげられる。それがいま、梨香がやるべきことなんじゃない？」

確かにそうだ。

大切な人を亡くした経験のある人はたくさんいるし、寂しいのは私ひとりではないはず——。

仲間の言葉に勇気をもらった私は、作詞に取りかかりました。

生前の母のことを想い出しながら……。そして、私と同じように喪失感を抱えている方たちにも届くように……と。

とはいえ、歌詞を書くのはつらい体験でした。

1行書いては母との楽しかったことを思い出して泣き、また1行書いては母にしてやれなかったことを悔やんで泣き……という状態。

でも表現者って、身を削って表現することをしなければいけないお仕事だと思っているので、歯を食いしばり書いていったのです。

誰かがやったことを見て「うんうん、そうだね」と言うのではなく、率先して自分からやらなければならない。

いろんなことをさらけ出してできあがったのが、『ミー&ママ』や『茜色の満月』という曲です。


また、同じころ、映画『ビョークの「ネズの木」グリム童話より』の吹き替えを担当しました。そのなかで、ビョークが演じる不思議な能力を持ったヒロインが、亡くなったはずの母親と山で再会するシーンがあったのです。

それは、「ママと話したい。また会いたい」と思っていた私にとって、願いが叶うような内容。涙を流しながら、大切に演じました。

おそらくそのときの私ほど、その役をリアルに演じられる人はいなかったと思います。だから私のもとへオファーが来たのでしょう。いや、私が引き寄せたのかもしれない。

そして、これらの仕事を終えたあとは、悲しみのどん底から少し、浮上することができたのでした。仕事に救われたのです。

アニメ『NINKU -忍空-』で主人公の風助を演じていたときの話もひとつ。

収録日、ひどい風邪をひいてしまったことがありました。

熱も高く、鼻声だったこともあり、これではいいアフレコはできないと思い、「すみません。今日は休ませてください」と電話連絡したところ……。

音響監督の水本さんが、「そうかそうか、ちょうどよかった。今日の台本は、風助も風邪をひいているという内容なんだよ。そのままで演じられるな」と。

なんという偶然（笑）。

コロナ禍を経験したいまとなっては考えられない話ですが、当時はこういうこともあったんです。

「きっとこれも、私が引き寄せた運ということだろう」と思いながら、風邪をひいた風助を演じきりました。もちろん、リアルな鼻声で（笑）。

声量が大きくて、マイクが壊れたことも

ある収録で久しぶりに会った山さんから、こんなことを言われました。

「梨香はもう新人じゃないんだし、テスト収録のときはちょっとくらい加減したら？」と。私の声を心配しての言葉。

確かに、テスト収録であれば本番のような100％の状態ではなく、声のボリュームを落としたり、感情の起伏をつけずに少し力を抜いてやったりしてもいいのです。

でも私は、どうしてもそれができないんですよね。

最初から本意気。つねに100％の状態です。

自分のためにテストをするのではなく、声の調整をするミキサーさん、台詞の

かけ合いをする役者さんたちに、本番となるべく変わらないくらいのレベルでやるんです。

「ゲットだぜ！」も、座っている演者さんも耳を覆うくらい大きいです。

松本さん、少し後ろに下がってもらえますかと言われることもよくある（笑）。26年間、サトシを演じてきて、人生でこれだけ「ゲットだぜ！」を大声で叫んだのは、世の中で右に出る者はいないでしょう（笑）。

元気な男の子の役を長年やっているので、喉はかなり酷使していると思います。気がつけば、声帯にポリープが４つもできてしまっています。

タコさんが手をつないでラインダンスを踊れるかも（笑）。

それくらい、いつも全力でした。あまりにも私の声量が大きくて、マイクを壊してしまったことが何度かあったくらいです（笑）。

ミキサーさんにいくら声量を小さくされても、声を抑えながらアフレコしていたら、リアリティや臨場感が損なわれてしまいます。それは絶対にいやだったので、つねに100%の力、本意気でやっていました。

いちばん忙しかった時期は、一日に収録が3本という日もザラでした。

でも、「次の収録があるから」とペース配分したり、余力を残しておいたりすることなんてできない。

だから、3本目の仕事が終わって家に帰り着くと、ヘトヘト……。

ぐったりしたまま少し眠って、また朝から収録へ向かう日々でした。

ふわふわした雲の上を歩いているみたいに、地に足がついていない感覚になったことも。自分でも本当によくがんばっていたなと思います。

余談ですが、日本青年館ホールで行われた『銀河鉄道999 THE MUSICAL』に出演したとき、マイクをつけ忘れたことがあったんです。

舞台に出てしゃべり出してすぐに「マイクがついていない!」と気づいて、おなかに力を入れて台詞をしゃべったら、マイクをつけている人よりも、いちばん後ろの席までよく聞こえたそうです(笑)。

『銀河鉄道 999 THE MUSICAL』ではプロメシュームを演じた（日本青年館ホールにて）。

ときにはぶつかることだって必要

芝居や製作の現場では、ときに激しい言い合いになることもあります。

いい作品を作るためには大事なディスカッション。

魂と魂でぶつかっている感じです。


以前に、脚本家で演出家の園田英樹《そのだひでき》さんと大ゲンカしたことがあって（笑）。

佐賀で行われた園田さんのお芝居に参加させていただいたとき、私が開幕早々、アドリブを入れたりして会場がわっと盛り上がったことがあったんです。

そしたら場をはけるなり、園田さんが「いつもどおりにやってくれればいい！ふざけんな！」って怒り出して（笑）。

私はお客さんの反応がとてもよかったこともあったので、「なんでそんな言い方いまするの。じゃあ、もう出ません！」と思わず感情的になって泣き出す始末。

そしたらちょうど相手役の人も出番が終わって戻ってきて、「いったいどうした⁉」と。

そのあと、園田さんが「俺も言いすぎた、ごめん」と言ってくださり、結果、舞台は継続できたんですけど、アドリブで舞台から降りて客席をまわり、笑いをとることはやめられませんでしたが……(笑)。

いままでは家族のような仲良しの園田さんですが、「残りの人生で、お芝居を書いたとしたらあと10本くらいだろうから、その10本に付き合ってくれないか」と言われ、私としては、10本なんて言わないでもっと書いてほしいという気持ちですが……でもそんなふうに必要としてもらえ、一緒にいい作品をと思ってくれたなんて、演者としてこれほどうれしいことはありません。

お互い、気持ちの切り替え、早いほうで本当によかったです。

お芝居って、本番の初日が近づくにつれて、だんだん現場の空気がピリピリしてくるんですよね。
それまでに積み重なっていたちょっとした不満がぶつかったり、行き違いがあったりしたときに、爆発してしまうこともあります。

でもそれは、べつに悪いことだとは思っていなくて。
いいものを作ろうと思ってのことだし、生き方も違ういろいろな人たちが集まって作っているわけだから、そういったぶつかり合いは当然のことだと思っています。

でもお客様はそんなことは知らないことだし、そんなところを見せてもしょうがない。だから、そういった経験で強くさせられているというか、試されているな、とも感じます。

ならば、それをエネルギーに変えていきたい。
作り手側も、命をかけて真剣に向き合っているからこそぶつかるわけだから、それを乗り越えられるからこそ、いいものができる。

人とぶつかるのって、好きな人はいないですよね。
ぶつかることを怖いと思ったことはないけれど、やっぱり疲れるし、いやな気持ちにはなります。

いまの時代、あまりケンカしないじゃないですか。
でも、絶対にしたほうがいいと思います。
人とぶつかることは、決して悪いことではありません。
そこにはもちろん、「愛情がある」ことは大前提ですが。

これからも、いいものを作るためなら人とぶつかることも恐れず、真摯に向き合っていきたいとも思っています。

舞台は遊び場、台本は遊び道具

ときどき、「梨香さんはいつも元気いっぱいだけど、どうやって元気をキープしているんですか？」と聞かれることがあります。

おそらくそれは、表現することが好きだから。

たとえ落ち込んでいても、マイクの前に立ったり、ステージの上に立ったりすると、気分が上がって笑顔になっていくのです。

仕事だけど仕事じゃないんです。

役者だった父が、よく言っていた言葉があります。

それは、「舞台は遊び場、台本は遊び道具」というもの。

「舞台は緊張してガチガチになる場所じゃなく、リラックスして楽しむ場所。笑顔があふれる場所だよ。全身全霊で楽しみなさい」と。

「仕事の場＝舞台」は、いつだって楽しい。

「台本が遊び道具」というのも共感できます。

歌やお芝居を表現しているときがいちばん、私、生きてる！　って感じられるんです。


まっさらな台本をいただくと、すごくワクワクします。

新しい紙の匂いに包まれながら「今回はどんなふうに演じようかな？」とか、「どんな出会いがあるだろう」と思いを巡らせる瞬間が大好きです。

新学期に、新しい教科書やノートを開いたときの、あのうれしい気持ちと似ている気がします。

最近は、朗読劇や演劇の演出をする機会も増えましたが、いつも合言葉は「舞台は遊び場、台本は遊び道具」なのです。


芸事って、つらくて厳しいというイメージがあるかもしれないけれど、パフォーマンスは出し惜しみせず、妥協せず、本気で。

そして上機嫌に、楽しく和やかに、を心がける。

一度きりの人生、楽しまなきゃもったいないですから!


さあ、今日はどんなふうに楽しく遊ぼうか――。

そんなことを考えながら仕事ができる場所があるって、最高に幸せな人生だと思います。

「第 17 回声優アワード」にてキッズファミリー賞を受賞。

第3章　つながる

『NINKU-忍空-』のころ。

「ダジャレは世界平和」の第一歩

声優人気はブームを超えて定着し、いまや憧れの職業にランキングされるほどになりました。
「どうやったら声優になれますか？」と、質問を受けることもよくあります。

声優のお仕事に限らず、エンターテイナーとして、もとより父から受け継いだスピリットを絶やしたくないという気持ちや、芸に対する向き合い方を伝えていきたいという気持ちもあり、その想いを下の世代に受け継いでもらうことで「松本魂」のようなものを後世に伝えていけたらと考えています。

ちなみに私は現場でよくダジャレを言うのですが、それには理由があるのです。
自分が言葉遊びが好きだからということと、コミュニケーションをとるため。

「自分自身はまだ駆け出しです」が通らず、いまや大御所と呼ばれる立場になってしまうと、後輩たちから気を遣われてしまいがち。

でもダジャレを言うと「そんなキャラだったんですね」とか「さぶっ！　梨香さんったら（笑）」とか、後輩たちが笑いながら突っ込んでくれるんです。

先輩のほうから後輩の立場に下りていくと、相手も肩の力が抜けるというか。


人と人との距離も縮まるし、誰も傷つけない。

先輩と後輩との見えない壁を壊すのに、最高なアイテム。

ダジャレは世界平和をもたらすのです。


そう、まさに「ラフ&ピース」です！（笑）

そうそう、ダジャレのネタでもうひとつ。

今年3月に始まった特撮テレビドラマ『爆上《ばくあげ》戦隊ブンブンジャー』で、ブンレッド範道大也《はんどうたいや》の家に居候する、大也の親友で宇宙人のブンドリオ・ブンデラス（通称：ブンブン）を演じています。

ブンデラスには大也との約束があり、ヒーローの相棒（バディ）として、特殊なトレーラーに変形したり、巨大化して敵と戦ったりと、すごくかっこいいキャラクターなんですが……。

仲間たちに得意料理のカレーをふるまって「カレーができたよ、食べる？」という台詞をアドリブで「カレーができたよ、おつカレー」と、ダジャレに変換（笑）。

それがブンデラスにはまったんです。

私が演じるキャラクターだから、きっとダジャレを言うんだろうなと予想していたそこの君。

はい、正解です！（笑）

「卵」だけに「エッグい」、「強化」完成するのは「今日か？」……などなど、毎回全力でダジャレと向き合っています。

これからもダジャレを言いながら、みなさんに愛されるキャラクターになるよう、楽しくお茶目に演じたいと思っています。

「梨香さんの声で本当に元気が出る」って言われて、心の底からうれしい。

ずっとずっとみんなの強力ビタミン剤でありたいです。

今回、光栄なことにエンディング・テーマ『コツコツ-PON-PON』も歌っています。

楽しいダンス曲なので、ぜひ一緒に歌ったり、踊ったりしてくれたら、最高に爆上げです！

おせっかい焼きで愛があった先輩たち

コロナ禍の影響もあるのかもしれませんが、最近では、普通の飲み会はもちろん、打ち入りや打ち上げもほとんど開催されなくなって寂しいです。

私が新人だったころ、飲み会の席は、先輩たちからいろいろな話を聞く絶好のチャンスの場だったのです。

技術についてだけでなく、当時は人間としての考え方や作法、悩みごとにアドバイスをしてくれる先輩がたくさんいたものです。

「大丈夫か」と、手取り足取り教えてもらいました。


少しおせっかいだけど愛がある。

近所に住んでるおじさん、おばさんのような、いつも寄り添ってくれる温かい方ばかりでした。

以前に公開された映画の吹き替え版のテレビ再放映などを観ていると、いまは鬼籍に入られたすばらしい役者さんたちのお声をお聞きすることができ、懐かしさと寂しさとが……。

『ウォーターワールド』などでご一緒した内海賢二《うつみけんじ》さんも、すごい役者さんでした。10メートル離れたところからでも声が聞こえてくるほどの存在感で、内海さんが亡くなってしまったときは、業界全体が静かになってしまったような気持ちになりました。

そして、肝付兼太さんにも『新・おそ松くん』でとてもお世話になりました。私が、喉が痛くて声が出ないと言っていたときに、「これ、喉にいいから飲んでみろ。声が出るぞ」と言われ、いただいて飲んでみたら、本当に声が出るようになって。

はちみつと大根の汁なのですが、500ミリリットルの水筒の3分の1くらいにはちみつを入れて、そこに角切りにした大根を水筒いっぱいになるくらいに加えたもので、ひと晩置くと大根が溶けてはちみつと混ざり、汁のような状態になるんです。

濃い場合はそれに少しお湯を足して、溶く。喉に行き渡るようにうがいしながら飲む。そうすると、喉の粘膜に行き渡り、声が出る。

これ、声のお仕事にかかわらず、即効性もあるのでとってもおすすめです！

魔法のはちみつ大根汁（笑）。

こんなふうに、仕事に関することはもちろん、何気ないけどふとしたときに役立つことを教えてくれるよき先輩たちに囲まれて、本当に幸せ者です。

いまは、先輩や上司とあまり関わりを持ちたくないという若い人が増えているようですが、どんなに時代が変わっても、愛をもって、ちょっとおせっかいな先輩として、後輩に接していけたらなと思っています。

少しおせっかいだけど、
愛がある。
そんな先輩をめざしたい

JAM Projectの思い出

「JAM Project（ジャム・プロジェクト）」は、「Japan Animationsong Makers Project（ジャパン・アニメーションソング・メイカーズ・プロジェクト）」の略。「古きよきアニソン魂を未来につなごう」というコンセプトで2000年に結成したユニットです。

当時、テレビアニメや特撮などの主題歌をランキング形式で紹介するテレビ番組『快進撃TV うたえモン』で、水木《みずき》一郎《いちろう》さん、影山《かげやま》ヒロノブさんとは毎週のように顔を合わせていたのですが、海外から、3人でライブをやってくれないかというオファーがあったんです。

そうしたら影山さんが、「1回行ってパフォーマンスしてくるだけではつまらない。それならばグループを作って、しっかりとつなげていこう」とおっしゃって、それをきっかけに結成したんです。

いまや日本のアニソンは世界中で大人気ですが、当時は誰も海外で歌っていなくて……。アニメソングが最初も最初だったように思います。

なので、海外のスタッフは、アニソンのライブが初めてだったらしく、すべて手探り状態。「本当にお客さん、来るのかな?」と心配したりもしましたが、フタを開けてみれば、収容人数500人と小規模の会場ながら、ライブハウスが満杯になるほどの盛況でした。まさに海外でアニソンが盛り上がるきっかけとなった先がけです。

海外でのライブは、ハプニングがつきもの。

途中で音がブツッと切れて「もう1回、最初からお願いします」とか、日本ではあり得ないようなことも起こります。

アメリカでのライブは、ステージとお客さんの距離が近かったこともあり、一体感がありめちゃくちゃ盛り上がりました。

さすが海外だけあって陽気でリアクションが大きい。本当に楽しいライブでした。

最近では、海外でライブをやっても、応援スタイルまでジャパナイズされていて、「あれ？　ここは日本かも」と思ってしまうくらい。ペンライトを揺らしたり、ヲタ芸で盛り上がったり、合いの手を入れてくれたり、会場全体が日本語での大合唱にもなります。日本のアニソンは、もう世界レベルで市民権を得ているんだなと思うと、感慨深いものがあります。

ライブ中の早着替えでハプニング！

余談ですが、遠藤正明《えんどうまさあき》さんと、さかもとえいぞうさんが加入して5人体制となった「ＪＡＭ Ｐｒｏｊｅｃｔ」。

精力的にライブ活動を行っていたのですが、あるライブでちょっとしたハプニングが起こりました。

1曲歌い終わったあと、次の出番のために早着替えをしなければいけなかった私は、ダッシュでステージ裏へ。

大慌てで着替え始めたところ「ん……？」。

私と遠藤さん、影山さんの3人で歌うはずの曲のイントロが流れているではありませんか。

そう、その曲を歌い終えてから着替えなければならなかったのに、勘違いしてステージ裏に来てしまっていたんです。

やってしまった！（笑）

でも、そこはさすがプロフェッショナルたちです。

影兄と遠ちゃんふたりで私のパートを歌って、つないでくれたのです。

着替え終わった私は、何食わぬ顔で2番からステージへ。

颯爽《さっそう》と歌い始めました。

その歌が終わったあとのMCで、影山さんに、「最初からこういう演出だったんですよ、って雰囲気で登場したけどさー。俺たち、めちゃくちゃ焦ったんだからな！」としっかりバラされましたが（笑）。

何が起こるかわからないから、おもしろい。LIVEは生き物です。なんちゃって（笑）。

ひとりのステージだったら、そうはいかない。やっぱり横を向いたら仲間がいるのって安心できていいなあと思うし、感謝の気持ちもいっぱい生まれます。あんなことやこんなことがあったねと、みんなで思い出を共有できる幸せもあります。

5分の1じゃなく、×5だった「JAM」。またいつか、「JAM Project」のみんなで一緒に、楽しく歌える日が来たらいいな……と思っています。

何が起こるか
わからないから、
おもしろい。
LIVEは生き物。

We are the JAM Project!!

横浜橋通商店街のアンバサダーに就任！

第1章でも書きましたが、私は横浜橋通商店街のすぐそばで育ちました。

戦前からある商店街で、アーケードはなんと、全長約350メートルもあるんです！

雨に濡れずにお買い物ができるのが魅力で、食料品店や飲食店、洋服店など、121店ものお店が軒を連ねています。

子ども時代は通学路でもあったので、毎日のように、商店街のみなさんから「いってらっしゃい！」「おかえりなさい！」と声をかけてもらっていました。

まるで親戚同士のようでした。

ランドセルを背負ったまま、おやつにハムかつを買って食べたり、映画を観たり、探検したり……。

私のポスターを飾ってくれているお店もたくさんあって、本当に数えきれないくらいたくさんの思い出がある場所です。

惣菜店「さがみや」さんは、友だちのご一家が切り盛りする店。

お母さんが毎日、大きな鍋で作る看板料理の煮込みをはじめ、なすのみそ炒めや酢の物など、優しい味つけの家庭料理が並んでいます。

テイクアウトだけでなく、店内でも食べられるので、ときどき、同級生たちと集います。遠慮なく思い出話に花を咲かせられる場所。

「天ぷら 豊野」は、ボリューム満点の天ぷらや天丼がお手ごろに食べられる人気店です。

マスターは素敵な笑顔の持ち主で、癒やしのオーラがあふれています。

食べに行くと、「忙しいだろうけど、体調に気をつけてね。無理しないでよ」と必ず声をかけてくれる。

そして、ご自分用の缶コーヒーをそっと出してくれたり。

どのお店もいつも気にかけてくれて、おまけをしてくれる。

ちょっとした気持ちがうれしくて、「よし明日からまた元気にがんばろう！」と思えてくる。

地元の人の優しさと人情が心に沁みます。

商店街の新しいテーマソングを担当

今年2月、そんな大好きな横浜橋通商店街の「応援アンバサダー」を拝命しました。

ふるさとの商店街を盛り上げたいとずっと思っていたので、「やっと依頼が来たー！　どんどん応援するぞー！」と、張りきっています。

さらに、40年間変わっていないテーマ曲を新しくしたいということで。新しいテーマソングを作らせていただきました。

作詞を、私、松本梨香。

作曲は、「祭火（MATSURICA）」でキーボードを担当してくれている山本《やまもと》真央《まお》くん。声かけさせてもらったとき、ふたつ返事で心よく引き受けてくれて……。

子どものころから通い続けた、大切な場所。

思い浮かべると、「あんなことがあったな」「いつも笑顔のみなさんに優しくしてもらったな」と、うれしい気持ちでいっぱいになりました。

「笑顔のパス忘れない」「ワクワク胸が高鳴る」「自分の宝物　見つけよう」「苦難ヘッチャラでゲットしよう」「一期一会を大切に繋いでゆこう」……。

心に思い浮かぶ素直な言葉をつなげていったら、あっという間に完成！

明るいメロディに乗せたこの歌。

いつも私を温かく包み込んでくれた商店街への恩返しになればうれしいなと思っています。

いまはなんでもネットで買える時代だし、人と話すのが面倒くさいという人もいるかもしれないけれど、やっぱり顔と顔を合わせて、おしゃべりしながら買い物するのって、楽しいものですし、大事だから忘れてほしくない。

横浜橋通商店街には、ずっとずっと、人と人の縁がつながる、交流の場であってほしいと願っています。

テーマソングは商店街のなかで流れているので、お買い物の途中にでもぜひ耳を傾けてみてくださいね！

「横浜橋通商店街」応援アンバサダーに就任。

就任イベントの様子。

横浜橋商店街の歌
『超・最高！』
作詞：松本梨香　作曲：山本真央

いい天気 光踊る 明るい声が 聞こえてくる
下町の憩いの場所 出愛 広がる

いつもどんな時だって 笑顔のパス忘れない
ワクワク 胸が高鳴る 自分の宝物 見つけよう

スキと知ってスキップして超最高！
元気がいっぱいわいてきちゃう
ラッキーでハッピーで超最高！
We lovin'shopping street 横浜橋商店街

どしゃ降りの　めげる日でも　寂しくないよ　1人じゃない
下町愛の人情で　問題解決

いつもどんな時だって　浜っ子パワー炸裂
ドキドキ　夢が膨らむ　苦難ヘッチャラで　ゲットしよう

ウレシクなってウィンクして超最高！
ありがと（が）いっぱい溢れちゃう
ガッチリでバッチリで超最高！
We lovin'shopping street 横浜橋商店街

まんまる笑顔が集まって なんでもかんでも顔晴っちゃう
一度きりの人生じゃん 楽しくやろう♪

生きてるだけで丸儲け なんでもかんでも万々歳
一期一会を大切に 繋いでゆこう♪

スキとしってスキップして超最高！
元気がいっぱいわいてきちゃう
ラッキーでハッピーで超最高！
We lovin'shopping street 横浜橋商店街

第4章　伝える

代々木アニメーション学院にて。

教科書やレジュメのない「松本梨香クラス」

ここからは、声優を目指す若者たちに「伝えている」授業内容をご紹介するとともに、今後の声優界への想いなどもつづってみようと思います。

以前より代々木アニメーション学院の声優・エンターテイナー学部で、特別講師を務めてきましたが、2023年には同学部の学部長に就任し、さらに深く人材育成に携わらせていただくことになりました。

また、洗足学園音楽大学では、大学教授として「声優アニメソング」クラスで4年生徒と向き合ってまいりました。

「人を喜ばせたい」「みんなのためになることがしたい」と思い続けてきた私に

とって、表現者としての技術や、父から受け継いだ芸のスピリットのようなものを後輩たちに伝えられる機会はとてもありがたく、やりがいも感じています。

代々木アニメーション学院で私が担当している「マツリカクラス」では、まず授業を受けるためのオーディションを開催しています。

全国9校の「声優・エンターテイナー学部（声優タレント科、声優アニソン科、ＶＴｕｂｅｒ科、2・5次元演劇科）」の生徒さんから希望者を募り、そこから審査を経て、選抜します。

新人時代はとくに、役柄をオーディションで勝ち取らなければいけません。弱肉強食の世界です。

そのため学生のうちから経験を積んでおくことは、とても重要だと思います。

また、ありがたいことに私の授業を受けたいという生徒さんがすごく多いので、オーディションで選抜するという形をとらせてもらっているのです。

生徒さんたちは年齢も経歴もさまざまで、高校を卒業したばかりの18歳もいれば、社会人経験のある30代もいます。

選考基準は、テクニックよりも、その人の本気度です。

どれだけ真剣に「声優になりたい」とか、「絶対にアーティストになってやる」という強い覚悟をもって臨んでいるか。

そんな、心意気のある人を選ぶようにしています。

内容は、普通の専門学校の授業とはまったく違うと思います。

まず、教科書やレジュメなどがいっさいありません。

みんなでテキストや台本を、イチから手作りするのです。

アニメも映画も原作者さんや脚本家さんがいて、魂を削って創作しています。

その大変さや苦労を理解してもらうために、自分たちで作品を作るところからやってもらう。

作品はみんなで作るもの、と知ってもらうことが大切だからです。

演技ができるだけでは足りない。

歌はうまい、ヘタとかではない。歌は心。

誰かの心をわしづかみにできるくらいの表現力で、なんでもできるマルチな人に育ってほしいのです。

もちろん、「ここはこんなふうに書いたほうがいいんじゃない？」「もっとここを盛り上げたら？」といったアドバイスをしたりはしますが、基本的には生徒さんの自主性と創造性を尊重して進めています。

「頭で考えるな。心で感じろ」

完成したら、みんなで作った台本をもとに演技のワークショップを行います。

そのとき、生徒さんによく言っているのが「頭で考えるな。心で感じろ」です。

そう、ブルース・リーの名言と同じです。

それぞれが「こういう芝居がやりたい！」「自分はこうやるんだ」という考えはあって当たり前。でもそのときに生まれた衝動を大事にしてほしいのです。

だからと言って、小手先でやるということではないんです。

魂のこもっていない台詞は、誰の心にも届かないですもんね。

エンターテインメントの仕事は正解なんてないんだから、真面目じゃなくていい。他人と違っていい。はみ出したっていいのです。

誰よりも弾けてほしいと伝えています。


別の授業や仕事の研修なら、「大事なことは必ずメモを取りなさい」と言われることもあるかもしれません。

でも、「マツリカクラス」では、それを禁止しています。

刺さる言葉というものは、メモなんて取らなくても心に残るもの。

ノートに目を落とした瞬間に、見逃してしまう何かがあるかもしれない。

だから、授業中は下を向かず、私の目や演じている仲間たちを注意深く見ておくんだよ、と言っています。

小手先の技術で
やることほど
気持ち悪いものはない

代々木アニメーション学院での授業の様子。

教えるのではなく、伝える

あまり上手ではない音響監督は、アフレコや吹き替えの際、「口の動きと合わないから、もう少しゆっくりしゃべって」と演出したりするんですね。

でも、そこに感情は乗せられません。

私だったら「お母さんが子どもに教えるような感じで、丁寧に話してみて」と伝えるでしょう。そうすると、おのずとゆっくりとした話し方になる。そこで、口の動きがピッタリ自然と合ってくる。

長年演者として実践してきたことだから、リアルに伝えることができるんです。

かわいい声などを出すときに、声を作ろうとする人がいますが、声帯はひとつで変えられません。でも、「気持ちを変える」ことを意識すれば、さまざまな声色が出せるんです。

家族、恋人、友だち、先輩、後輩、上司、同僚など、話す相手が変われば、テンションや表現も違ってくるし、さらにシチュエーションが変われば、声のトーンも変わってきますよね。

たとえば、ペットに話しかけるとき、「○○ちゃん、かわいいでしゅね～」みたいな優しい声になったり、好きな人の前でワンオクターブ声が高くなったりするじゃないですか。猫なで声と言われるやつ。

そんな感じで、そのキャラクターの気持ちに寄り添って演じれば、ほかのキャラクターとは不思議と違う声に聞こえるものです。

作った声では気持ちが乗りませんし、キープして演じるのにも無理が生じる。もっと言うと、表現が嘘になってしまいます。

「それらしいけど……」と言われるような。

経験の少ない声優さんを見ていて感じるのですが、どういう声を出すかということにとらわれすぎている気がしています。憧れの声優さんの声真似だったり。

たとえば、外国映画の吹き替えで、どんな端役《はやく》であっても、「イケメンボイス」と「いい女ふうな声」で、抑揚やリズムをつけてしゃべっている。

それって、ちょっと不自然に聞こえたりもします。

現実世界と同じように、作品のなかにも、イケメンやかわいい子だけじゃなく、いろいろな人がいていいはずです。

作品全体の流れを把握して、キャラクターに寄り添った、作っていない声で自然にしゃべってほしい――。

生徒たちには、そんなことも伝えています。

私の授業は、「教える」というよりも、「伝える」というのが近いです。

自分が経験してきて「いい」と思ったことを、「こんなメソッドがあるよ」「やってみて」と伝えているイメージです。

それは、自分への再確認にもなっている気がします。

とにかくやってもらう。

ひたすら「実践あるのみ」です。

頭を柔軟にして、自由に、遊ぶように学び、演じる。その感覚を体に刻みこんでもらうための授業です。

2時間のプログラムなのですが、気づけばトイレに行くこともなく、あっという間に2時間半が過ぎていたなんてこともしばしばです。

こちらが愛をもって本気で向き合うと、相手も本気になる

正直なことを言うと、生徒たちのモチベーションが低くて、少し腹が立ってしまうときもあります。

「今日は残念でした。私の大切な時間を返してほしいです」と、はっきりと伝えることもある。

ちょっときつい言い方だけれど、そう言うと、次の授業のとき、目の色が変わるんです。背筋がシャキッと伸びているというか……(笑)。

「梨香ができるんだから、みんなだってできます」と、鼓舞することもあります。私自身、20代のときに主役や座長としてがんばっていたので、「若いからできない」「経験がないからできない」は言い訳だと思うんです。

未熟だったけれど、そのときどき、自分の精いっぱいを出しきってやっていた。その連続。

だから「力を出し惜しみしないで、いまの100％でやってほしい」と伝えています。

こちらが愛情をもって本気で向き合うと、相手も本気になる。

「よくできたね」「えらいね」と褒めることもできるけれど、それでは競争の激しい芸能界を乗りきっていくのは難しいと思うんです。

だから生徒さんにアドバイスをするとき、「褒めるのと、本当のことを言うのと、いまはどっちがいいですか？」と聞いて選んでもらいます。

すると、みんな「本当のことを言ってほしい」と言ってきます。

前に出て演技を披露するのも、全員に絶対に参加させるのではなく、積極的にやりたいという人にやってもらっています。

無理してやらせようとは思いません。強要はしたくない。

他人の演技を見るのも大切な勉強だし、イヤイヤやる人の芝居なんて、私もほかの生徒さんも見たくないですから。

アドバイスするからには、最後まで見届けたい

いまの若い世代には、「人から言われ慣れていない」し、「言い慣れていない」のを感じます。本音でしゃべってない。

だから指摘をすると、一瞬「え?」という顔をされることもあります。

でもそのあとに、「うれしい～!」って、泣きながら喜んでくれる。

本当の心でぶつかれば、ちゃんと伝わるんです。

必要以上に無駄な気遣いをしてしまっているんでしょうね。

こういうふうに言ったほうが喜ばれるかなとか、こういうふうに言ったほうがよく見られるかなっていうことで着飾っちゃって、本当のことを言えない。

だから、「本当のことは何か」を突き詰めて教えたりするときにも、気持ちを出させるために少しずつ導いていったりします。

私のクラスでは、みんな質問もたくさんしてくれるし、積極的な生徒さんが多いです。

そして、教えていたことをわかってくれたときに、やはり喜びを感じますね。

私の伝えたことを自分の意見として出してくる生徒さんを見ると、「ちゃんと伝わっている」と思って、やっててよかったとうれしくなります。

それは、きちんと私の言葉を自分のなかで消化して、そのうえで出てきた言葉だから。

授業は、「自分が言う」→「生徒にやらせてみる」→「自分がやってみる」→「生徒がやれるまで見る」の繰り返しです。

アドバイスしたからには、それを最後まで見てあげることが大事だと思っています。

「言ったからやっておいてね」ではなく。

それは、授業における生徒だけでなく、現場での後輩においても、リテイクを重ねているときなどはアドバイスをすることもあります。

そのときは、ブースの外からその様子を確認して、終わったあとに「できてたよ。よかったよ」と伝えます。

自分がアドバイスした言葉にも責任を持ちたいし、そういうふうにしないと、愛情ってなかなか伝わらない気がするから。

迷ったら難しいほうをやるべき

私の授業では、演技について、先生だからと私が講評したり、進めたりはしません。あくまで自主性を重んじて、みんなの意見を聞いて進めています。

「いまの演技を見て、どう思った？」とか。

そうすると、「さっきより、かなりよくなった」「感情がこもっている」「もっと違うアプローチがありそう」など、たくさん意見が出てきます。

講師に指摘されるのではなく、自分たちで気づいて修正していく。

そのほうが成長できると思っています。

ふたつの芝居のどちらかをやってもらう課題で、「こっちは難しそうだけど、こっちならできるかも……」と自信なさそうに言う人がいます。

そんなときは、「できるかできないかで判断するな」と伝えています。

できる（と思う）ことをやることは、厳しい言い方ですが「意識の低い」ことです。

正解を出して満点を取ればいい、ということではありません。

そもそも、難しいと思うほうを率先してやるようじゃないと高いハードルは超えられないし、演じてみて「これは難しかった」「意外とやれた」と気づくことも大事なことだよ、と。

自分の現在地を知ることが、成長の一歩になるのです。

最近、現場で会う若い声優さんから「以前、梨香さんの授業を受けました」と言われることがあります。

そんなときは、講師の仕事を続けてきてよかったと思いますね。

これからも私なりのやり方で、「梨香スピリット」を伝えていけたらいいなと思っています。

難しいと思うほうを
率先してやるようじゃないと
高いハードルは
超えられない

声優業界の人気を底上げしたい

「声優になるために、何をしておけばいいですか?」と聞かれることがあります。少し抽象的な答えかもしれませんが、感受性を豊かにしておくことが大切だと思っています。人間を表現する仕事だから。

美術館で本物の絵を鑑賞したり、映画、舞台、ライブなどを観に行ったり、日常的なことで言うと、道端に咲いた花に目を向けて季節の変化に気づいたり……。毎日の生活のなかでアンテナを張って、視野を広げておく。

小さくてもいいので、心が震えるような経験をたくさんしてほしいです。

また、特技を磨いておけば仕事に生かせることもあります。

私は小さいころから絵を描くのが好きでしたが、そのおかげで絵本を出版したり、ＣＤ『ガーベラ』のジャケット用にイメージ画を描いたりもしました。好奇心旺盛に、できることはなんでも関わらせてもらって、自分でやる精神です。


いま、「声優」が活躍できる場はかなり増えています。

もともと、「声優」という肩書きなんて、なかったんですけどね。

アニメのアフレコ、外国映画やドラマの吹き替え、歌手活動、ゲームのキャラクターボイス、ラジオのパーソナリティ、ナレーション、ステージイベントなど。

私のまわりにもいろんなことに挑戦している、才能豊かな声優さんがたくさんいます。本当に多才な方ばかりです。

でもね、その実力がまだ世の中には十分、知られていない気がするんです。

海外でトークショーをやっても、それだけでは声優のすばらしさは伝わらない。朗読劇などを開催しても、あまりお客さんが入っていなかったりすると、構成もパフォーマンスも最高なのに、そのすばらしさを伝えられない。

すごくもったいないし、もどかしく感じます。


だから私、決めたんです。

これから、声優業界の人気を底上げしていきます！

業界全体がもっと明るく元気になるような企画をいっぱい考えて、実行していこうと思います。


たとえば、日本の朗読劇を日本語のままブロードウェイで上演するとかね。

それを逆輸入して日本で上演したら、きっと話題にもなると思うんですよ。

もっともっと、私たちのやっているエンタメを、いろんなやり方で広めていきたいんです。


ということで、声優業界を盛り上げるために自分に何ができるのか、しっかり考えていかなきゃと思っているところです。無限大ですね。

第5章　続ける

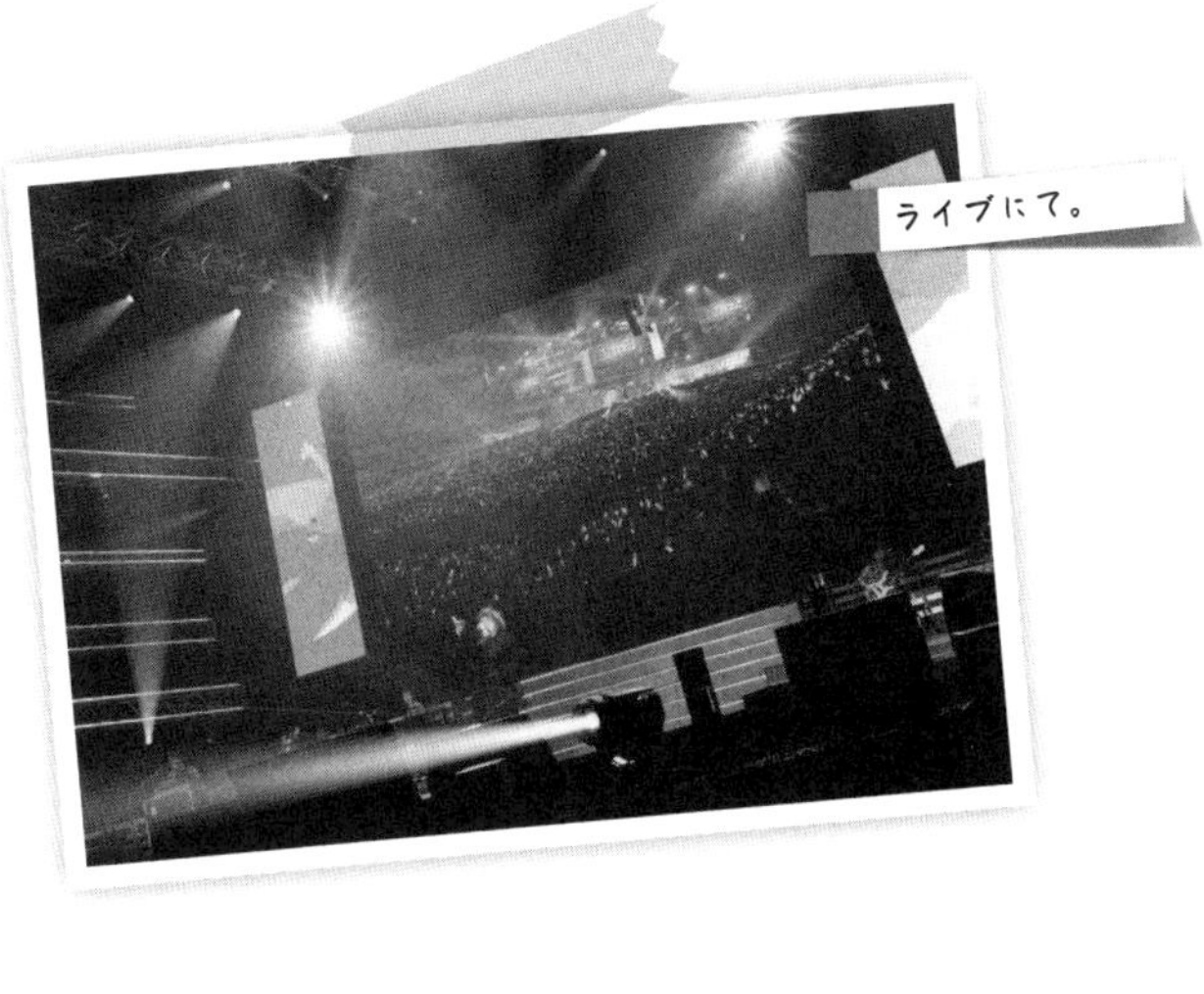

長く続けるうえでの喜びと醍醐味

ここからは、私が長く担当してきた作品について、また長く仕事を続けてきたなかで大切にしてきたこと、そして、今後の目標・夢について書いてみようと思います。

これまでたくさんの作品に携わり、さまざまな役を演じてきました。

その一つひとつが大切で、すべてに思い入れがありますが、ここでは長期間にわたって演じた作品と役について紹介してみたいと思います。

まず、1990年代半ばから約10年演じたアメリカのドラマ『ビバリーヒルズ高校白書（青春白書）』のケリー役です。

当時、ケリー役のジェニー・ガースとどこまで同化できるのか、細かい息の使い方やクセまで、挑戦するような気持ちで演じていました。じつはケリーはアメリカ人じゃなく、日本人なんじゃないの？　と思われるくらいリアルに演じたい、と。

そうやって気持ちをもっていかないと、自分のなかにいるもうひとりの自分が「嘘つくんじゃないよ」ってささやくんです。

画面のなかで役者さんが泣いていたら、自分自身の言霊も泣いていたいけど、うまく気持ちがついていかず、泣けないこともあります。

そういうとき、台詞を言った瞬間に、「いま、嘘ついているんじゃないの？」って。

だから、いくら「いい演技だったよ」とOKをもらっても、自分自身には嘘はつけないので、しっかりと気持ちを作り、素直に演じることを心がけています。

日本語と英語、言語は違っても「愛してる」と「アイラブユー」の口の動き方がそっくりだと気づいたのも、このドラマがきっかけでした。

あとは気持ちを作って、ケリーになりきる。一心同体。

そうすると国境も言語も超えて、その人になれたような感覚になるんです。

まさしく憑依ですね。


その感覚になっているから、ケリーが泣いていたら私も実際に涙を流しながら吹き替えをしていましたし、それくらい没入しないとダメだと思っていました。

演技論として、「役者は自分が泣くんじゃない。お客様を泣かせるんだ」と聞いたりします。それも一理あるんですが、私はそこまで自分の技術があるわけではないと思っていたので、本気で泣かないと、微妙な声の震えとか鼻をすする音とかがリアルなものにはならないと感じていました。

なので、涙で台詞が見えなくなることがよくあり、大変でした。

笑い話ですが、ケリーが暴力を受けたり、なんらかのトラブルに巻き込まれたりといった重く悲しいシーンが放送されたあとには、必ず母が心配して電話をかけてきてくれたものです。

「梨香の声を聞いていたら、あまりにもつらそうだったから心配になっちゃった。大丈夫？」と。

そのたびに、「ママ、海外のドラマだよ。梨香の話じゃないから、心配しないでね！」と言っていました。

でも、母が心配してくれるほど私の演技が真に迫るものだったのだとしたら、あの挑戦は成功だったと言えるかもしれません。

違う誰かの人生を疑似体験できる

長く演じるうちに、台詞の言い回しや息継ぎのクセ、しゃべり出す瞬間がすっかりわかるようになりました。

「ここでブレスするよね、ＯＫ」という感じ。

ケリーの気持ちが誰よりもわかるから、音響監督さんに「この場面で彼女はこんなことは言わないと思います。こちらの表現のほうが合っているのでは？」と、訳の台詞を提案させてもらうこともありました。

ディスカッションしてこそ、いい作品ができると思っているので、納得していない台詞を我慢して言うことだけはしたくなかったんです。

もちろん俳優ですから、「やってみて」と言われたらやらせてもらいます。それをやったうえで、「こういう台詞はどうでしょうか？」「こんなニュアンスで言ってみてもいいですか？」と、３つくらいのアイデアを用意しておくんです。

だって、「これ、違うと思います。やりたくありません！」と投げてしまっては、お話になりませんから。

まずは言われたことをちゃんと演じる。

「テスト」「ラストテスト」「本番」と、演技を見せるのに3回のチャンスがあるのが通常ですが、少なくとも3パターンは準備しておいて、提案するようにしています。

ケリーは、ブランドンとディランという、主役級の男性ふたりと恋に落ちたり、続編では出産したりもします。

ケリー役を通じて、ひとりの女性の生き方を疑似体験できたことは、とても楽しかったですね。

私自身の恋愛経験値も、上がったような気がしています（笑）。

こんな感覚になれるのも、声優の仕事の醍醐味《だいごみ》だと思います。

そういえば、ケリー役のジェニー・ガースとも、イベントでお会いしたことがあるんです。声が似ていることもあって、日本語版の私の吹き替えで見慣れているスタッフさんたちが、「ケリーが英語をしゃべってる」って驚いていたのがおもしろくもあり、うれしかったです。

ジェニーとの対談の際には、「10年間、あなたのブレスのクセなども研究し続けたから、誰よりもあなたのことわかるよ。だって、私はあなた。一心同体。私があなたの吹き替えをしてよかったね」って明るく冗談で言ったんです。

そしたらジェニーが、「うれしい、ありがとう」と言ったあとに、「もしかしたら私はサトシができるのかしら」って（笑）。

吹き替えを担当した俳優さんと会えることはとても幸せなことですし、ジェニーがとてもチャーミングで素敵な俳優さんで、ますます演じさせてもらって光栄だなと感じました。

『ビバリーヒルズ高校白書（青春白書）』ケリー役のジェニー・ガースと。

30年以上演じる、パトリシア・アークエット

『ミディアム 霊能者アリソン・デュボア』（通称『ミディアム』）は、2005年（第1シーズン）から2011年（第7シーズン）まで放送されていた1話完結型のアメリカドラマ。3人の娘の母親でもあるアリソン・デュボアが、その霊能力を駆使して犯罪事件の捜査に協力していく――というストーリーです。

アリソン・デュボアを演じるパトリシア・アークエットは、1993年に公開された映画『トゥルー・ロマンス』以来、30年以上、いろんな作品で吹き替えを担当させてもらっています。洋画の吹き替えのキャスティングは、キャラクターのほかに骨格が似ているなどから決まることがよくありますが、まさにパトリシアは、私にとってはそれ。みんなから、顔が似てるよねーと言われていました。だから『ミディアム』の話をいただいたときも、「顔が似ている俳優さんでしょ。任せてください」と（笑）。

パトリシアは、役によって声の出し方や表情などを自在に変えて演じる俳優です。長年吹き替えをやっているからこそ、「ああ、今回は等身大で演じているんだ」とか、「舞台のようにオーバー気味に演じるプランを準備してきたのね」といったことが、手に取るようにわかります。

パトリシアの吹き替えをやるときは、彼女が俳優として表現したいことを汲んで、そこに寄せていくようなイメージで演じています。

『ミディアム』は、1話完結で完成度が高く、とてもよくできたドラマだと思います。私も、演じるうえで多くのことを学びました。

事前に自宅で吹き替え用の映像を見てからスタジオに入り、テスト、本番と臨むわけですが、何度も同じ映像を見ているのに、そのたびに新しい発見があって全然飽きないんです。

演じながら、「このシーンはこういう意味だったんだ」と気づかされることも多々ありましたね。

両親と子どもが3人という家族構成のデュボア家。松本家と似ていたこともあり、吹き替えをしながら子ども時代のことを何度も思い出しました。デュボア家は、信頼関係で結ばれた理想の家族なんです。演じるたびに、「こんな家族いいな」「ダンナさん、理解があって素敵だなあ」と、結婚がしたくなる作品（笑）。スピリチュアルがテーマではあるけれど、良質な家族ドラマでもありました。

そうそう、アリソン・デュボアさんは実在する人物なのですが、来日された際、一度お会いしたことがあります。「あなたみたいな人が演じてくれてよかった。あなたが選ばれた理由がわかるわ」と言ってもらえました。何を感じての言葉だったのでしょう……。

私にも少し霊感のような能力があるからなのか……（笑）。夢でお告げがあるアリソンのように、私もときどき、親しい人の夢を見たり、虫の知らせを受けたりすることがあります。

友人に「○○ちゃんのことを夢で見たんだけど、変わったことはない？」と連絡すると、「じつは家族を亡くしたんだ」とか。

会ったこともない友達のお父さんが夢に出てきたときも、電話したら「昨日、お父さんのお誕生日で実家に帰ってる」とか。

こんな性質だったから、『ミディアム』の役を引き寄せたのかな、と思ったりしました。いちばんわかる人が演じるべき、につながります。

やっぱり、すべての仕事に意味があるのだと思います。

２０１４年に公開された映画『6才のボクが、大人になるまで。』は、ひとりの少年が6歳から18歳になるまでの成長と家族の軌跡を、実際に12年をかけて撮影した実験的な映画です。

私が吹き替えを担当した母親役のパトリシアは、本作の演技で第87回アカデミー賞の助演女優賞を受賞しました。

12年間、同じ俳優を起用して撮り続けるなんて、おもしろい作品ですよね。

12年もの間、俳優たちが不祥事を起こしたり、病気などで出演できなかったりすることがなく、無事に撮影を終えたことが何よりすばらしいと思います。

私自身は、この映画を撮っている期間、『ミディアム』やほかの作品のパトリシアの吹き替えも担当していたので、映画の場面場面で、「あ、これは、あの作品のころだ」と、自分のことのように懐かしく思うこともありました。

30年以上演じ続けているパトリシアのことは、もう他人とは思えない感じです。自分がずっと吹き替えをしている俳優さんに別の方が吹き替えしているドラマを観たときは、もちろん、悔しい気持ちもありますが、何より彼女たちの口から違う人の声が発せられていることに、一視聴者として違和感を覚えたりします。

これも、ひとつの職業病と言えるかもしれませんね（笑）。

パトリシア・アークエットや、数々の吹き替えをさせていただいた女優さんしかり。

これからも彼女たちがいろいろな表情で演じる役を、私も同じように、丁寧に大切に演じていきたいと思っています。

すべての仕事に意味がある

サトシ役からの卒業

１９９７年4月の放送から２０２３年3月24日の放送まで、約26年にわたって、アニメ『ポケットモンスター』のサトシ役を演じ続けてきました。26年間、長いようであっという間だったような気もしています。

卒業の約1年前にポケモンが新しくなることを伝えられていたので、1年かけてゆっくり受け入れ、台詞の一句一句を心に刻むように演じてきました。

最終回の収録が行われたのは、忘れもしない、２０２３年1月27日のこと。

普段どおりに「おはようございます！」と元気に挨拶してスタジオに入りました。ピカチュウ役の大谷育江《おおたにいくえ》さんとふたりだけの収録。

「これまで、あんなことがあったよね、こんなこともあったね」と、思い出話をしたりしながら、「今日で最後だね。がんばろうね」と、収録は順調に進んでいきました。よし！　みんなに元気なサトシを届けるぞ!!

ところが、最後の台詞を言う直前、いろんな想いが錯綜《さくそう》して、声が詰まって台詞が言えなくなってしまって……。

「この台詞を言ってしまったら、終わってしまう。もうサトシを表現することはなくなるんだ……」

そう思うと息が詰まって胸が苦しくて、声が出せませんでした。

心の整理はつけていたはずなのに、やっぱりサトシと離れるのが、お別れするのがいやだったんです。

「すみません、5分だけください」とスタッフの方にお願いをして、休憩をもらいました。

トイレに入ってひとしきり泣いてしまって。「やばい。鼻声になっちゃったらサトシができない」と、涙をぬぐって、心を落ち着かせました。
ちょっと鼻声だったらごめんなさい。
いままでの集大成として言わせていただいた「一声入魂」の最後の台詞は、こうでした。

「世界中全部のポケモンと友だちになりたい。それがきっとポケモンマスターってことなんだ。ピカチュウ、いつか俺がポケモンマスターになったとき、そこにいてくれよな」

「よし！　行こう」

私自身の想いとリンクしていて、サトシの台詞だけど、私自身の言葉と言っても過言ではありません。
優勝したからといって、ポケモンマスターになれるわけじゃない。

勝ったあとにどうするのか、どう生きるか、それがすごく大事だと思うから。

勝ったね、チャンピオンになれたね、よかったよかった、めでたしめでたし。

そんな終わり方じゃなくて、本当によかったです。

26年間、アニメ『ポケットモンスター』を座長として背負ってきた自負もあったので、少しでも納得できる最後にしたかったんです。


最終回の放送後には、私のSNSにも「主役はずっとサトシがいいです」「梨香さんがサトシでよかった」「私の初恋はサトシでした」「3人の子どもたちの成長につねに寄り添ってくださり、子育てでも助けられました」といった愛のあるコメントが、日本にとどまらず海外からもたくさん届きました。


サトシと梨香の旅は終わらない。

そう、「つづくったらつづく」なのです！

喉のためにはストレスをためない、寝るのがいちばん！

30年以上、この仕事を続けていますが、「声が昔と全然変わらないですよね。喉のケアはどんなことをしているんですか？」と聞かれることがあります。

それが、何もしていないんですよ、本当に。

自分で言うのもなんですが、生まれついてのすばらしくいい声帯みたいで、以前、「何万人にひとりの丈夫な声帯だ」と医師に言われたことがあります。

ただただ両親に感謝ですね。

パパ、ママ、ありがとう～!!（笑）

せっかくいい声帯をもらったのだから、大事にキープしないといけないと思っています。本当に。目指せ、100歳までいい声キープ。そこでやっていることと言えば、ストレスをためないようにすること（笑）。まんると遊んで、おいしいものを食べて、お風呂に入ってニコニコしながらぐっすり眠る。

それがいちばん！（笑）

明日のことを考えずに、今日出しきるぜ！　いまを生きる。それがアーティストだ！

なんてカッコいいことを言って喉を酷使《こくし》したときは、牛乳、うがい、プロポリス、チョコラBB、ホカロン巻いたり……なんでもやる！　そしてよく寝る！　寝るのがいちばん！（笑）

たまに声帯を痛めたときは、声帯を休めないといけないので、本を読むのも、音楽を聴くのもダメなんです。

声帯が自然と動いてしまうので。だから寝るのがいい（笑）。

収録は午前10時に始まることが多いので、午前7時くらいに起床。起き上がったら、すぐに発声チェックをします。これはルーティーン。必ず「あーあー」と声を出して確かめ算です。

ゆっくりストレッチをしてから、まんると散歩したり、ベランダの植物に水をあげたり、ゆったりした気持ちで過ごします。そのとき、アレクサに「ハワイの曲かけて」と言います。

バタバタせず、心に余裕を持った状態でスタジオに入るようにしています。

収録前は、あまり物を食べません。ゲップが出てしまうと演技の邪魔になるので、炭酸類の飲み物もとりません。

昼食をはさむときでも、集中を切らしたくないので外には出ず、マネージャーさんにおにぎりやパンを買ってきてもらって、スタジオのなかで食べるくらいです。

熱すぎたり冷たすぎたりすると喉によくないので、常温の水を飲むようにしています。

それか、カフェインの少ない身体に優しいほうじ茶が定番。

ただし、収録後はなぜかアイスクリームが食べたくなるんです。

気合いを入れて演じると、声帯が熱くなるんです。アスリートと一緒。

筋肉を冷やすということですね（笑）。

喉が冷たいものを欲しているときは、がんばったご褒美も兼ねて、食べることにしています。バニラを（笑）。

健康のために、お風呂は湯船に浸かって体を温めることを心がけています。

リフレッシュできるのはもちろん、お風呂のなかは湯気で適度な湿度が保たれているので、喉にもいいんです。

お風呂で歌の練習をすることもありますよ。

壁の角に向かって声を出すとステレオのように反響するので、練習するのにいい場所なんです。

喉も開いて、歌が上達した気さえします。


あと、時間に余裕がある日は、寝る前に大好きな映画を観ます。いろいろリセットするのにもいいです。

いい作品に出合うと、心に栄養が行き渡る気がして、幸せを感じるのです。観るのも演じるのも、本当にお芝居が大好きだー！

ただし、見るときは字幕版で観ます。

日本語版で見てしまうと、同業者の顔がチラチラ出てきてしまって、「○○さん、元気かなあ？」となってしまったり、ストーリーが入ってこないから（笑）。

こんな感じで、日々ストレスをためないように気をつけながら、過ごしています。

いい作品に出合うと
心に栄養が行き渡る気がして
幸せを感じる

ハプニング続きのブラジル公演での出会い

2019年、内閣府よりクールジャパンアンバサダー（広報大使）に任命され、活動を始めました。

日本をいっぱい愛してもらうために、世界の人たちに向けて私ができることって……？

とにかくいろんな国に足を運んで、ちゃんと現地で笑顔のパスをする。

ライブで生の声を届けることがいちばんだ！

そう考えて、以前にも増して、世界各地でライブを行うようになりました。

2023年末には40時間かけて、地球の反対側のブラジルへ行きました。

事前に聞いていた話では、『めざせポケモンマスター』を1曲歌わせてもらって、あとはトークをするという約束だったんですが……。

到着してみたらなんと、「梨香さんのために1時間、押さえていますよ」とのこと。

しかも、ブラジルの人気バンドとコラボをしてほしいというではないですか。

聞いてないよー！（笑）

言葉の間違い？

スタッフ同士のコミュニケーションの行き違い？

1曲と1時間を聞き間違えたの!?

お互い話し合って2曲ならばコラボできるかもしれないと、急きょ、ライブハウスを借りて一緒に深夜2時まで練習をしました。

てんやわんやの大騒ぎです。

しかも、会場の音響設備がよくなくて、ハウリングしまくり。歌ったりしゃべったりするたびに「キーン」「ピー」と大きな音が響いて、「宇宙といま交信しています」とジョークを言いながらフォローするも、歌うどころではありませんでした。

きちんとした歌を客席に届けるために、本番直前まで悪戦苦闘してなんとか調整したのに……。

「どうしてこんなに音響が悪いんですか？」と現地のスタッフさんに聞いたところ、「ブラジルは暑いので、冷房の影響で……」と、しどろもどろで言い訳してたっけ。そんなわけあるかーい！（笑）

でもね、私はこういうハプニングがわりと嫌いじゃないんです。

アクシデントがあったとき、とっさにどう対処できるかも、表現者の腕の見せどころ。

どんなときでもフォローできる自分でいたいと思います。日々、精進です。

あとは、のちに笑い話に絶対になるし、いい思い出として強く印象にも残る。とくに海外公演では、多少のルーズさとか、ゆるさを楽しむくらいの気持ちが必要だと思うんです。

音楽とは「音を楽しむ」こと。

ある意味、初心に帰るよい機会。そこには学びがいっぱいあります。

1000キロメートルかけて会いに来てくれた男の子

しかもこのライブのあと、とてもすばらしい出会いがありました。

なんと、1000キロメートル離れた街から、難病の男の子が会いに来てくれたのです。

10代後半くらいでしょうか。病気のため、電車に乗れない彼を家族が車を運転して連れてきてくれたのだそうです。

そして、こんなうれしいことを言ってくれました。

「日本から梨香さんが来ていると知って、絶対会いに行かなくちゃと思ったの。この子、『ポケットモンスター』も好きだけど、あなたの大ファンで、あなたの歌をいつも聞いてて大好きなのよ」

「遠いところからよく来てくれました。私も会えてうれしいです。ありがとう！」

そう言ってハグをしたら、家族みんなが泣き出しました。もらい泣き、共演者のみんなも号泣。

私の歌が地球の裏側にまで届いていたことが素直にうれしかったし、男の子のピュアな笑顔を見ていたら、あんちゃんのことを思い出して、懐かしいような切ないような、言葉では言い尽くせない感謝の気持ちでいっぱいになりました。

私はきっと、彼らに呼ばれてブラジルに来たんだろうな……。
ふと、そんなことを考えました。
これは偶然じゃなく、必然だったに違いない、と。

紛争の影響で遠回りを余儀なくされ、着くまで飛行機で40時間もかかったし、ライブの音響もひどいものだったけれど、そんな疲れも一瞬にして吹き飛びました。

歌うこと、演じること、たくさんの人から応援してもらえること。
それは、神様が私にくれたギフトなんだと思います。
たくさんのいい経験をさせてもらえている。
素敵な景色を見させてもらえている。
これからも感謝の気持ちを忘れずに、ずっとまっすぐこの道を進んで行かなくちゃ――。

たくさんの心の栄養をもらった、ブラジル公演。

本当に行ってよかったです。

地球はひとつ、国境なんて、言葉なんて、肌の色なんて関係ない。

これからも世界中どこへだって行こうと思います。

クールジャパンアンバサダーの名に恥じぬよう、日本をより愛してもらえるように顔晴《がんば》ります！

ハプニングやアクシデントを楽しみながら、ワッショイ、ワッショイ！

ワッショイとは、和を背負うという意味♪

ブラジル公演の様子。

笑顔のパスを続けていきたい

日本でも、難病と闘う濱口《はまぐち》賀久《がく》くんという男の子と出逢いました。

以前、ＳＮＳで「がんばってください！」と応援メッセージを送ったことがあったのですが、２０２３年11月に三重県で開いたサイン会に彼が遊びに来てくれたのです。

突然だったのでびっくり！

寒いなか駆けつけてくれて、すごくうれしかったな。

そのピュアな笑顔を見ていたら、またまたあんちゃんのことを思い出して、込み上げてくるものを抑えるのが大変でした。

でも、サイン会で泣いていたらダメだと思って、グッと我慢したんです。

笑顔、ひきつってなかったかな？

素っ気なく、つれなくされたと思ってないかな？

いろいろ誤解されていないか心配に（笑）。

賀久くんや賀久くんのご家族から「会って元気をもらえました」と言ってもらったけれど、私のほうが何倍も元気と勇気をいただきました。

障害があっても前向きに、家族みんなで助け合って暮らしている。

とても素敵なご家族だと思いました。

後日、あらためてメッセージを送らせていただきました。

「笑顔と愛情にあふれたご家族の日々に、私自身の兄のことを重ね、懐かしみ、いつも元気や勇気をもらっています。これからも賀久くんの成長、楽しみに陰ながら応援しています」

障害がある人もない人も、みんな平等で、自分らしくいられる。

人と人が優しい気持ちで笑顔のパスができる。

そんな社会が理想ですよね。いえ、絶対に実現できるはずなんです。


そのために、自分ができること、自分しかできないことをする。

みんなが笑顔になってくれるなら、私はどこでだって歌うし、何度だって「ゲットだぜ！」って言うし（笑）。


毎年、初もうでに行ったとき、子どもたちを笑顔にしたい、元気づけたいなと思ったら、どうぞ梨香を使ってくださいと、神様に手を合わせています。

与えられた今世の使命と思って、みんなのことをいっぱい喜ばせたいです。

そして、できるだけたくさんの笑顔のパスを交わしたいと、心から思っています。

できるだけたくさんの笑顔のパスを交わしたい

祭火（MATSURICA）としての活動

クールジャパンアンバサダーに任命されたことをきっかけに、もっと日本の文化について知りたいし、学ばないといけないなと思いました。

時を同じくして、三味線奏者の小山清雄《おやませいゆう》さんから「何か一緒にできないか」というお話をいただいたので、「和のユニットを作ろう！」ということになったのです。

和太鼓の佐藤晃弘《さとうあきひろ》さん、キーボードの山本真央さんを加えた4人で、「祭火（MATSURICA）」を結成しました。

結成当時、コロナ禍だったこともあり、リモートで練習したりセッションしたりしていたのですが、それがものすごく楽しかったんです。

有事のとき、エンターテインメントは不要だと言われたりもするけれど、そんなことはないと思う。

やっぱりどんな音楽にも、心を元気にするパワーやエネルギーがあると思うのです。

生きるうえで、とても必要なもの。

祭火（ＭＡＴＳＵＲＩＣＡ）のライブでは、これまで私が歌ってきた曲を、和楽器でアレンジし直して披露しています。

メンバーのみんなも百戦錬磨のプロフェッショナルだから、「ここで、ソロを入れよう」とか「こんなことをしたらおもしろいんじゃない？」とか、私が提案すると「お、いいねー」とまたアイデアがどんどん出てきて、飽きることがありません。

『めざせポケモンマスター』も『Alive A life』も、和のアレンジを加えることで聴こえ方が全然変わり、新曲みたくなる。
ライブに来て聴いてもらえたら、新鮮だと思います。

個人的には、ただいまエレキ三味線を一生懸命、練習しているところです。和の心を知るためには、楽器が何かできなくてはと思って買ったんですが、これがなかなか重いわ難しいわで……（笑）。
でも、『さくらさくら』は弾けるようになりましたよ。

いつかライブでお披露目できるよう、練習に励みます！

音楽には、心を元気にするパワーやエネルギーがある

パラリンピックで国歌斉唱するのが夢

海外でライブやお芝居をするためにも、もう少し英語力を身につけたいと思っています。

これが直近の目標です。

長期的な目標としては、シャンソンの歌い手になる。って、漠然としていますが、これからはもっと人生について歌っていきたい。

酸いも甘いも噛み分けた大人のための歌、それがシャンソンだと思うので、歌手・松本梨香として挑戦してみたいのです。

しゃべるように歌う。というか、語るように歌いたいというか……。

これまで歌手として必死で走り続けてきましたが、歌唱はすべて独学でした。だから、シャンソンはちゃんと先生に師事して、基礎から学んで歌えるようになりたいと思っています。シャンソンを歌うおばあちゃん、かっこいいと思うでしょ（笑）。

そして最後に、目標ではなく「夢」について。

「夢」は何かと聞かれたら、「パラリンピックで国歌斉唱することです！」と答えます。

あんちゃんがいたから、いまの私がいる。

ぜひいつか、パラリンピックで歌いたいのです。

それがあんちゃん孝行だとも思っています。

ほら、10回言うと叶うって……。

ずっと言い続けているので、いつか叶うと信じています（笑）。

これからも松本梨香は、みんなにもらった愛をもっともっとお返しできるように、表現者として全身全霊がんばって精進していきます。

この時代にみんなと逢えたことは、本当に奇跡です。
一緒にたくさん笑いましょう。
一緒に笑顔のパスをしましょう。
そして笑顔まんまる、つないでいきましょう。

「みんなの笑顔をゲットだぜ！」

この時代に
みんなと逢えたことは、
本当に奇跡

Special contents

Message to Rica Matsumoto

ご縁のある方々から、知り合ったきっかけ、
印象に残っているエピソード、
エッセイ本へのメッセージなどをいただきました。

梶裕貴

山寺宏一

高取ヒデアキ

菊池亮太

寺田恵子（SHOW-YA）

江頭美智留

湯山邦彦

園田英樹

（順不同・敬称略）

梶裕貴

初めてお会いしたのは、梨香さん主演の吹き替え現場。

子どもの頃から拝聴してきたお声を前に、内心「うわー！　本物の松本梨香さんだ!!」とテンションが上がりつつ（笑）、その絶対的な存在感とエネルギーに圧倒されたことを覚えています。

仲良くさせていただくきっかけになったのは、やはり『ポケットモンスターＸＹ』シリーズでの共演ですね。僕の指定席は、ありがたいことに梨香さんの隣。お芝居はもちろん、座長としての在り方など、たくさんのことを学ばせていただきました。誰よりも近い場所で過ごした三年間は、自分にとって一生の宝物です。おかげさまでツッコミスキルも上がった気がしていますし（笑）。

梨香さん！　本書籍への寄稿をご依頼くださり、ありがとうございます。

梨香さんの中で、僕という人間が、少しでも印象的な存在になれていたのかなと思えて、とても嬉しかったです。

それから『ラフ&ピース』というタイトル。梨香さんらしくて、すごく素敵だなと思いました。

これからもその最高の笑顔で、世界中を幸せに、平和にしていってください。

ずっと応援しています！　そして、心から尊敬しています。

今後とも、どうぞよろしくお願い致します!!

かじ・ゆうき
9月3日生まれ。2004年に声優デビュー。『進撃の巨人』エレン・イェーガー役をはじめとする話題作のキャラクターを数多く演じ、『1億人の大質問!?笑ってコラえて！』など多くのナレーションや「アイリスオーヤマ」のサウンドロゴの声なども担当している。2013年度には史上初の2年連続で声優アワード主演男優賞を受賞。実写での主演をはじめ、舞台や朗読劇、さまざまなプロデュース業など活躍の場を広げている。その声に、人間の脳と心に癒やしの効果を与えるという「1/f ゆらぎ」の響きを持つ。

山寺宏一

俳優養成所の同期ですから、もう40年の付き合いになります。

宮城から上京して来た僕にとって、梨香の存在はあまりにも刺激的でした。

明るい！　面白い！　パワフル！

そして何より……うるさい（笑）。

それでいて、ピュアで繊細な僕以上にピュアで繊細（笑）。

同じクラスだった1年半、よく学び、よく遊び、よく笑い、よく喧嘩しました（爆笑）。

「梨香は役者か芸人としてきっと成功するだろう。自分も負けていられない！」

そう思ったことをハッキリと覚えています。

その後はお互い声優として、ポケモンをはじめたくさんの作品で共演してきました。
最近は会う機会が少なくなりましたが、梨香は常に気になる存在です。
だって俳優・声優を志して上京し、最初に出会った『ライバル』ですから。
これからもお互い刺激し合う仲でいたいと思います。
だから、ずっとずっと元気で、明るくて、ピュアで、うるさい梨香でいてくれ！

やまでら・こういち
6月17日生まれ。宮城県出身。1985年声優デビュー。アニメ『それいけ！アンパンマン』めいけんチーズ、ディズニー作品のドナルドダック、『アラジン』ジーニー、『新世紀エヴァンゲリオン』加持リョウジ、『ルパン三世』銭形警部の声として知られる。外国映画ではジム・キャリー、ブラッド・ピット、エディ・マーフィー、ウィル・スミスなど数多くの俳優の吹替えを担当している。その他、映画やドラマ、舞台など俳優としても活躍。

高取ヒデアキ

松本梨香ちゃんとは、私が『忍風戦隊ハリケンジャー』を歌った2002年に、同年放送の『仮面ライダー龍騎』を歌っていた梨香ちゃんとイベントで出会ったのが「初めまして」でした。

その初めて一緒に出演したイベントで、横柄な態度で明らかにミスリードする演出家にほかの演者も困っていたとき、梨香ちゃんが笑顔でキッパリとその演出の間違いを正し、イベントをよりよい方向へ導いてくれたのをいまでもよく覚えています。

私は胸のすく思いと同時に、同世代ながら畏敬の念すら抱いたのはいまさらながら内緒です。

梨香ちゃんの才は性別、人種等といったものではくくれないボーダレスなもの。

私はアニソンシンガーとして梨香ちゃんとご一緒する機会がほぼですが、そのスキル、パワー、どれをとっても誰にも図れない凄みがあります。

これからも私たちの想像を遥かに超えていく活躍を、友人として、いちファンとしても見届けていきたいなと思っています。

たかとり・ひであき

アニソンシンガー。伸びやか且つ力強い高音ボーカル、作詞と作曲の引き出しの多さで、数多くのアニメソング、ヒーローソングの歌、作詞・作曲を手がける。とくに2002年『忍風戦隊ハリケンジャー』オープニングテーマ『ハリケンジャー参上！』の歌唱を担当してからは、現在に至るまで、毎年スーパー戦隊シリーズに関わる。またプリキュアシリーズでは作曲家として数々のOP、ED、挿入歌の作曲を担当。サウンドプロデュース、ソロ活動と共に、バンド『Z旗（ZETKI）』のVo.TAKAとしても精力的に活動中。

菊池亮太

梨香さんと知り合ったのは、２０１１年の４月、大学生のころにバンド仲間の紹介で東日本大震災のチャリティライブで共演させていただいたのがきっかけです。

以降かれこれ13年間、お世話になっております。

梨香さんとのエピソードで印象的だったのは、２０１７年の５月にメキシコのコンサートに同行させていただいた際、世界遺産のテオティワカンの遺跡に梨香さんたちと登ったときのことです。

現地の方やヨーロッパやアメリカからの旅行者の方もいらしたのですが、梨香さんが彼らに「ゲットだぜ！」と挨拶をしたら「えー!?　本物だ!!」と、その場の全員が驚いて非常に盛り上がったことをよく覚えています。

梨香さんの声が世界中の人に知られている事実を間近で目撃し、改めてすごいなぁと実感しました。

このたびはエッセイ本の出版、本当におめでとうございます！

どんな内容なのか、僕も拝見する事をとても楽しみにしております！

これからも梨香さんらしく、永く活動していかれることを心より祈っております。

そして、また一緒に演奏できるときを楽しみにしております！

きくち・りょうた

4歳からピアノを始める。大学在学時よりさまざまなコンクールにて受賞。このころよりさまざまなアーティストのサポート活動を開始する。ピアニスト、作曲家として活動する傍らYouTubeに演奏動画を投稿し、視聴回数2億7000万回以上、チャンネル登録者数64万人を超える。自身のバンド「アノアタリ」ではkey.・作曲を担当。

寺田恵子（SHOW-YA）

最初の出会いは仮面ライダーの食事会？だったような……気がします！

めちゃくちゃ陽気でおもしろい人だなぁという印象でした！


その後、ベトナムでのイベントライブで一緒になりました。

ライブ当日、突然のスコールと落雷によって開催が危ぶまれ、ステージ裏でみんな約2時間待たされたのですが、梨香ちゃんはイライラもせず、いつでもGOできる準備をしていてすごいなぁと。

とにかくものすごくポジティブ！


そして去年、「NAONのYAON 2023」にご出演いただきました。

お客さんの盛り上がりといったら……すごかったですね〜。

そんな数少ない付き合いでも彼女の人に対する思いやり、優しさ、強さ、周りを巻き込むエネルギーを感じました。

すべて最上級でございます！

年下だけど、頼りになる存在ですわ。

梨香ちゃんこれからも仲良くしてね〜！

てらだ・けいこ
1985年SHOW-YAのボーカルとしてデビュー。バンド主催の『NAONのYAON』は毎回ジャンルレスなコラボレーションが話題となる。今年デビュー40年目に突入するが、多方面において挑戦を続ける。

江頭美智留

共通の知り合いであるプロデューサーから「梨香さんで舞台をやりませんか?」とお話をいただいたのが、2021年11月。翌月、舞台稽古が始まりましたが、最初の読み合わせで、私はすっかり、松本梨香という「女優」に惚れてしまいました。

ほぼ初見の台本なのに、すでに、「生きた登場人物」がそこにいたのです。

紙に書かれた台詞をすぐさま「生きた言葉」にできる女優がいた!

私にとっては諦めていた宝物を見つけた瞬間でした。

舞台稽古、本番を通して目の当たりにした松本梨香は、女優としてはもちろん、人としても魅力の宝庫でした。この人を逃したら絶対、後悔すると思った私は当たって砕けろで一緒に芝居を創りたいと猛アタック。結果、演劇ユニット「ブルー・ビー」を立ち上げることになりました。

こうして公私共に過ごすことが多くなり、尽きることのない松本梨香の魅力を堪能することになりました。

　演出を担当したときには、その斬新な発想に毎回、驚かされます。その象徴としてこんなエピソードがあります。舞台の打ち上げと言えば、食事して飲んでというイメージが強いですが、松本梨香が提案したのは、なんとスイカ割り！

「スイカ割りって目隠ししてクルクル回して、みんなが右だ左だっていうでしょう？　みんなで力を合わせて目標を達成するってことなんだよ」

　目から鱗とはこのことか……。

　これが松本梨香の真髄です。

　お客様はもちろんのこと、自分の周囲にいる人たちも徹底的に楽しませ、そしてそれは、気持ちをひとつにすることなんだと教えてくれるのです。

　出会ってから2年余りと、決して長い時間ではないのですが、その10倍くらいの時間を共に過ごしたと思えるほど濃密な2年余り。

　こんな時間をこれからも共にしながら一緒に笑顔を届けたいと思っています。

　でも、そのためにも、体調が悪い時には、徹底した病院嫌いを直して、病院行ってくださいね！

えがしら・みちる
脚本家。代表作『ナースのお仕事』『1リットルの涙』『ごくせん』等。松本梨香と共に演劇ユニット「ブルー・ビー」を主宰。

湯山邦彦

エッセイ出版おめでとうございます。

アニメ「ポケットモンスター」のサトシ役として、その監督である私と20年を超えるつきあいとなりました。

そんな歳月に負けることなく、永遠の10歳の少年・サトシの煌めきを映像の中に焼き付け続けることができたのは、松本さんの中にある永遠の子供の魂の輝きの力によるものだと思います。

声優のみならず、音楽や演劇や様々なステージに立つ松本さんですが、そんなスポットライトの中を、ピーターパンのように縦横無尽に飛び回る姿をこれからも見せ続けてください。

ポケモン映画20周年記念作品のワールドプレミアが行われた「ジャパンエキスポ2017」のときの2ショット。

ゆやま・くにひこ
アニメーション監督、演出家。テレビアニメ「ポケットモンスター」総監督。劇場版では監督を務める。参加作品は『魔法のプリンセス ミンキーモモ』(総監督)、『ルドルフとイッパイアッテナ』(監督)ほか多数。

園田英樹

「元気、元気、元気印〜〜〜〜!!」

まさに松本梨香さんを象徴するようなこのセリフですが、これは彼女のアドリブでした。

（ここからは普段のように、梨香ちゃんと呼ばせてください）。

１９９１年放送の『絶対無敵ライジンオー』という番組のエンディング曲の収録スタジオです。

作詞をした僕は、作曲の田中公平先生とその場に立ち会っていました。

歌の中に登場人物たちの合いの手を入れようということになって、主人公である日向仁のセリフとして、梨香ちゃんがアドリブでぶっ込んできたのが、このセリフでした。

主人公のキャラクターを一言で言い表したこのセリフは、僕の脳ミソに電撃を与えました。

これだ！！！

まだ番組は開始前で、脚本も数話しか書けていなかったのですが、僕はこれ以降、主人公にこのセリフを何回も言わせることになりました。

これが梨香ちゃんとの出会いです。

というのはちょっと違っていて、この収録の少し前に現実には会っています。

会うといっても、それはオーディションに来た声優さんと、審査員の一人である脚本家として、スタジオですれ違っただけでした。

番組の声優オーディションというのは、何十人もの人の声を聴くことになるわけなんですけど、このライジンオーのオーディションで聴いた梨香ちゃんの声には、少なからず衝撃を受けました。

圧倒的なエネルギーとパワー。

声から伝わってくる、無垢な精神。

それらが僕を圧倒したのです。

他の審査員の人たちも同じだったと思います。

主役は、この人しかいない。

そう思わせてくれる何かをもった声でした。

それが梨香ちゃんの声との最初の出会いです。

そのときから30年以上の時が流れました。

このライジンオーで主役デビューした梨香ちゃんは、数々の番組で主役を演じることになっていきます。

そりゃあ、そうなるよねぇ。

と、僕は彼女の活躍を見続けていました。

ライジンオーのOVAや、イベントなどで彼女と一緒になることも多く、僕たちはしだいに兄妹のように親しく付き合うようになりました。

梨香ちゃんが大衆演劇の座長をやっていたお父さんの側で、いろんな芸を身につけてきているのも聞いていたので、いつか一緒にお芝居をつくりたいねというような話もするようになりました。

そうこうしているうちに、アニメ「ポケットモンスター」シリーズの主役と脚本家という立場で、また一緒に仕事をすることになり、その付き合いは今まで続いているというわけです。

舞台でも何本も一緒にやることができました。

僕のキャリアの中でも、一緒に仕事をした俳優さんランキングは、梨香ちゃんがナンバーワンです。

梨香ちゃんのエネルギーには、出会ったときからずっと驚かされ続けているのですが、彼女が放つまさに太陽のような光の裏側に、実は孤独や寂しさがあるということも僕は知っています。

梨香ちゃんは、早くに愛していたお兄さんを、そしてお父さん、お母さんと、立て続けに亡くしています。

愛する人たちと引き裂かれた寂しさを、他の人たちにはけっして見せずに、いつも周りの人たちに光とエネルギーを届けているのです。

そんな彼女の強さに、僕はいつも憧れます。

きっと彼女が、それを自分の使命だと思っているからではないかと思います。

周りの人たちに、笑顔と生きる力を与える。

そんなスーパーヒーローのような生き方をしなきゃならないのが、松本梨香なのだと。

彼女は、いつも本気です。

本気で人を楽しませようとしているし、本気で人に笑顔を届けようとしています。

もし自分がそんな生き方をしていたら、疲れ果ててしまうかもしれない。

そんなふうに思ったりもしますが、梨香ちゃんのエネルギーは無尽蔵です。

彼女は今も、まんまるパワーを世界に届けようとしています。

そしてきっと、やり続けるでしょう。

僕も彼女の活動の力に少しでもなれるように、ポジティブパワーを溜めておこうと思います。


梨香ちゃんについて、印象に残っているエピソードはたくさんあります。

そのなかでも超人的だと思ったものを紹介します。

彼女の声は声優さんの中でも最大級の大きさを誇っています。

尋常ではない声帯を持っているのでしょう。

そんな彼女が、声帯を痛める瞬間を僕は目撃しました。

それは僕が作・演出をした舞台『ランナー』の上演中のことでした。

梨香ちゃんは、フリースクールの校長先生の役で出てくれていたんですが、借金取りに土下座をして子供たちのために学校を奪わないでほしいと頼むシーンでした。

人間は不自然な形で突発的な動きをしたときに筋肉を痛めることがあります。

この土下座をしながら、感情を爆発させるという動きをしたときに、彼女の声に異変が起きたのを、僕は客席から感じました。

声帯も筋肉でできています。きっとその瞬間、それを痛めてしまったのです。

そのあとも彼女は何事もなかったかのように演技を続けたのですが、症状が現れたのは翌日でした。

マネージャーさんから電話がかかってきて、「松本が、声が出なくなってる。今から病院に行ってくる」とのことでした。

声が出ないというのは、異常事態です。

たとえ梨香ちゃんといえども、声が出ない状態から、演技ができるまで数時間で回復するとは思えませんでした。

僕は彼女が休演になることも覚悟しました。

病院で治療を済ませた梨香ちゃんは、開演ギリギリに劇場に現れました。

そして僕たちに、「なんとか声が出るようになったから、芝居には出ます。でも小さな声になるので、ごめんね」と言ったのです。

その声は、出演している俳優の誰よりも大きな声でした。

えっ、抑えて出してる声で、これかよ！

と、僕は驚愕したわけです。

人物的にも梨香ちゃんは、スーパーヒーローのアベンジャーズみたいな人ですが、その声帯もスーパーなのだと思います。

梨香ちゃん、僕はあなたに会えたことを、自分の人生の中の宝物の一つだと思っています。

あなたは僕に、いつもエネルギーを与えてくれます。

まさに太陽。

光とエネルギーを放ち続ける存在。

それがあなたです。

あなたのことを思うと、いつも笑顔になります。

そして自分の中にもあるであろう、光の存在に気づかされます。

あなたは笑顔で人をまんまるにしていくと言ってますよね。

まんまるっていうのは、内側に光が満ちた状態なんでしょう。

あなたがまんまるで、光を放ち続けているから、周りもまんまるになれるんです。


人を元気づけたいとか、笑顔にしたいとか、言う人はたくさんいます。

でも本当にそれができる人というのは、少ないです。

あなたは、本物です。

希有な人なのです。

きっと神様が地上に、あなたにそういう役目をもたせて降ろしたのだろうと思います。

あなたがその使命を最後まで果たせるように、僕はできる限りのことをさせてもらうつもりです。

もっともっと人を笑顔に、まんまるにしてください。

そのだ・ひでき
脚本家、演出家。佐賀県鳥栖市出身。明治大学在学中に演劇を始める。1982年に『サイボットロボッチ』で脚本家デビュー。その後、多くのアニメ、ドラマ、映画、舞台、ミュージカルなどの脚本、小説を執筆する。代表作は『キャプテン翼』『アタッカーYOU！』『パーマン』『マシンロボ』『超音戦士ボーグマン』『絶対無敵ライジンオー』『機動戦士Vガンダム』『ポケットモンスター』『ベイブレードバースト』など多数。劇場版「ポケットモンスター」シリーズでは多くの長編作品を担当した。

おわりに

これまで、さまざまなお仕事を通じて、家族のことや幼少期の想い出などお話しする機会は多々ありましたが、今回、エッセイを出版するにあたり、いままでを再度振り返ることで、【どんな出来事も、人生にとってかけがえのないピース】なんだと、あらためて強く思いました。

一つひとつのピースが松本梨香を作ってきたのだ、と。

出版社の方々をはじめ、この本に関わってくれたみなさまに本当に感謝です。

ありがとうございます。

エンターテインメントのお仕事は、心のエネルギーやメッセージを伝えるものだと思っています。そして、その究極の行為が、子育てなんじゃないかとも。

「人には優しく」「嘘をついてはいけない」等々、大切なことを親が子どもに伝えていくように、私も歌をはじめとするエンターテインメントで世界中の人たちに想いを伝え、つないできました。

世界中の子どもたちが自分の子どものように……。

この本を通して、松本梨香を身近に感じてもらい、何かひとつでもあなたの人生に寄り添わせていただけたら嬉しいです。

いつも楽に自然体（rough）で笑い（laugh）、その笑顔でつながった一人ひとり（piece）の輪が大きく大きく広がって、みんなが幸せに平和（peace）に生きていけますように……。

そんな願いを込めて、「ラフ&ピース」。

松本梨香

"一日一笑"GETだぜ!